高等职业院校劳动教育课程教材

劳动教育

马广水 主 编
傅智端 冯成伟 李永道 副主编

山东科学技术出版社
·济南·

图书在版编目（CIP）数据

劳动教育 / 马广水主编. -- 济南：山东科学技术出版社，2020.11（2023.9 重印）
高等职业院校劳动教育课程教材
ISBN 978-7-5723-0368-5

Ⅰ. ①劳…　Ⅱ. ①马…　Ⅲ. ①劳动教育–高等职业教育–教材　Ⅳ. ①G40-015

中国版本图书馆CIP数据核字（2020）第 135413 号

劳动教育

LAODONG JIAOYU

责任编辑：赵　旭　焦　卫
装帧设计：孙　佳

主管单位：山东出版传媒股份有限公司
出 版 者：山东科学技术出版社
地址：济南市市中区舜耕路517号
邮编：250003　电话：（0531）82098088
网址：www.lkj.com.cn
电子邮件：sdkj@sdcbcm.com
发 行 者：山东科学技术出版社
地址：济南市市中区舜耕路517号
邮编：250003　电话：（0531）82098067
印 刷 者：山东新华印务有限公司
地址：济南市高新区世纪大道2366号
邮编：250104　电话：（0534）2671218

规格： 16开（184 mm × 260 mm）
印张： 11　**字数：** 280 千
版次： 2020 年 11 月第 1 版　**印次：** 2023 年 9 月第 7 次印刷
定价： 38.00 元

《劳动教育》编写委员会

主　编：马广水

副主编：傅智端　冯成伟　李永道

编　者：（按姓氏笔画排序）

马艳斌　王　坤　王　琳　王春华　王瑞香

孙　剑　肖丽娜　姜　军　姜力源　温彩霞

序

劳动教育话题不是新话题，劳动教育的实践不是新实践，劳动教育的问题既有老问题又有新问题。回顾历史，世界各国的劳动教育既有成功的经验也有失败的教训。面向未来，人工智能时代如何开展劳动教育，特别是职业院校如何开展劳动教育已成为“培养什么人、怎样培养人、为谁培养人”所面临的重大问题。

我国的家庭劳动教育、社会劳动教育源远流长。我国先民就告诫世人“民生在勤，勤则不匮”，唯有辛勤劳动才不会缺衣少食，教育子女尊重劳动，珍惜劳动果实，以积极的态度参加劳动。我国儒家提出的大同社会所描绘的“壮有所用，幼有所长”“力恶其不出于身也，不必为己”等都是对有劳动能力的人应当劳动的伦理要求。《颜氏家训》《朱子家训》都注重通过衣食住行等日常生活中的劳动实践，发挥家庭在劳动教育中的基础作用。

我国的学校劳动教育自古就存在诸多问题。受“万般皆下品，唯有读书高”的影响，学校曾长期不重视劳动教育。新中国成立以来，党中央高度重视学校劳动教育，毛主席曾批示“教育与劳动结合的原则是不可移易的”。1958 年 9 月 19 日，中共中央、国务院发出《关于教育工作指示》，在肯定新中国成立以来教育工作取得巨大成绩的同时，指出“教育工作在一定时期内曾犯过教育脱离生产劳动、脱离实际，并在一定程度上忽视政治、忽视党的领导的错误”，提出改进教育工作的任务的第一条、第三条分别是“党的教育工作方针，是教育为无产阶级的政治服务，教育与生产劳动相结合”“把生产劳动列为正式课程。每个学生必须依照规定参加一定时间的劳动。今后的方向是，学校办工厂和农场，工厂和农业合作社办学校”。从1958年起，高等教育工作的成绩是显著的，主要成绩之一是“师生的政治面貌起了很大的变化，他们对待生产劳动的态度，对待劳动人民的态度，有了显著的改进”。但是，“劳动过多，科学研究过多，社会活动过多，对课程的不适当的大合大改，对生活安排、劳逸结合、设备和仪器的管理、学校的总务工作等等注意不够，以及学校工作中的其他缺点，使有些高等学校一部分课程的教学质量降低了，特别是一部分基础课程的教学质量降低了。”

苏联的劳动教育总体上讲是成功的。列宁早就指出：“没有年轻一代的劳动教育和生产劳动的结合，未来社会的理想是不能想象的。无论是脱离生产的教学和教育，或是没有同时进行教学和教育的生产劳动，都不能达到现代技术水平和科学知识现状所要求的高度。”苏联十分重视劳动教育，1918年10月俄罗斯联邦《统一劳动规程》等文件规定：“生产劳动应当成为学校生活的基础”“生产劳动应当和教育紧密而有机地联系起来”。苏联70多年来大体上一直坚持实施教育与生产劳动相结合并通过系列法令、措施保障其得到不断完善。中间虽然几度起伏变化，但苏联的劳动教育总体上是在不断完善和系统化的，许多方面非常值得我们学习研究和借鉴。

我国现在的劳动教育，不论是家庭劳动教育、社会劳动教育还是学校劳动教育都出现了许多问题。《中共中央 国务院关于全面加强新时代大中小学劳动教育的意见》（以下简称《意见》）指出“近年来一些青少年中出现了不珍惜劳动成果、不想劳动、不会劳动的现象，劳动的独特育人价值在一定程度上被忽视，劳动教育正被淡化、弱化”等问题。针对这些问题和培养担当民族复兴大任时代新人的要求，《意见》明确提出了加强劳动教育对培养新时代社会主义建设者和接班人的重大意义，明确规定了劳动教育总体目标、设置劳动教育课程及劳动教育内容等新要求。这为各级各类学校开展劳动教育指明了方向。

职业教育与普通教育是两种不同教育类型，具有同等重要地位。职业教育这一类型教育必须以劳动教育为重要基础，从某种意义上讲，没有劳动教育就不是真正的职业教育。习近平总书记在就加快发展职业教育作出的指示中指出：“要树立正确人才观，培育和践行社会主义核心价值观，着力提高人才培养质量，弘扬劳动光荣、技能宝贵、创造伟大的时代风尚，营造人人皆可成才、人人尽展其才的良好环境，努力培养数以亿计的高素质劳动者和技术技能人才。”进入新世纪，用人单位越来越看重职业院校毕业生是否具备正确的劳动观、诚实勤奋的劳动意识，这是大多数单位招聘人才的第一标准。不难看出，加强与改进职业院校劳动教育势在必行。

高等职业院校的劳动教育是在中小学以日常生活劳动、服务性劳动为主要内容的劳动教育基础上开展的，《意见》明确提出“职业院校以实习实训课为主要载体开展劳动教育，其中劳动精神、劳模精神、工匠精神专题教育不少于16学时”。高等职业院校劳动教育的重点和难点是树立马克思主义劳动观，培养中国特色社会主义劳动精神、勤奋诚实意识和能力。

高等职业院校的劳动教育的使命光荣、任务艰巨。职教特色的劳动研究和实践探索任重道远。我们只是做了一些初步的探索。希冀我们职业教育同仁共同努力、不辱使命。

编　者

目录

在重视劳动和尊重劳动者的基础上，我们有可能来创造自己的新的道德。劳动和科学是世界上最伟大的两种力量。

——高尔基

知识是从刻苦劳动中得来的，任何成就都是刻苦劳动的结果。

——宋庆龄

第一章 概论

本｜章｜导｜读

培养德智体美劳全面发展的社会主义建设者和接班人是党对教育工作的要求，劳动教育是青年学生了解热爱劳动和劳动人民，传承中华民族的传统美德，全面发展的基本途径。

本章通过深入分析新时代劳动教育的性质理念、目标内容，职业院校劳动教育的主要方向等，重点阐述了劳动教育对青年大学生尤其是职业院校学生成长的意义和价值，提出了职业教育与劳动教育关系密切、劳动教育能够彰显“手脑并用，做学合一”的基本原则。

通过本章内容的学习，我们希望同学们一方面要建立对劳动教育的正确认识，重视这一促进人全面发展的重要环节；另一方面要做好劳动规划，在课内外积极学习劳动技能，树立正确劳动观念，真正做到会劳动、爱劳动！

第一节　劳动教育性质和内容

劳动教育是国民教育体系的重要内容，是学生成长的必要途径，具有树德、增智、强体、育美的综合育人价值。

一、劳动教育的时代内涵

劳动教育是培养人的劳动价值观念、认知、技能，提高人的劳动素养的教育过程。其真正的目的在于培养和提高人的劳动素养，促使人对于劳动价值有正确的认识，对于劳动知识与劳动实践有全面的了解和掌握，在此基础上逐步养成良好的劳动习惯。所以，劳动教育是以提升学生劳动素养的方式促进学生全面发展的教育活动，是以促进学生形成劳动价值观（即确立正确的劳动观点、积极的劳动态度）和养成良好劳动素养（形成劳动习惯、有一定劳动知识与技能、有能力开展创造性劳动等）为目的的教育活动。具体来说，新时代劳动教育应该把握好几个着力点，即劳动价值的认同、劳动观念的树立、劳动技能的培养，从而实现“辛勤劳动、诚实劳动、创造性劳动”的目标。无论在教育理论研究还是在教育实践中，都应该准确理解和把握劳动教育的科学内涵、目标层次和精神实质。

新时代的劳动教育，并不仅仅包括体力劳动教育，也不是简单的生产劳动教育，在现实意义上，是指以体力劳动教育和物质生产劳动教育作为基础，包括更多复杂社会劳动教育的一切实践活动。在家庭生活之中体现为自理、自立的独立生活活动，在职业生活中体现为通过自己力所能及的各种劳动获取物质生活资料的活动，在社会生活中体现为为社会做出应有贡献的丰富多样的公益性活动，在学习之中体现为与具体的学科知识相联系的实践和动手操作的、能够化知识为能力与智慧的活动。事实上，新时代的劳动教育具有复杂的特征，绝对不是家庭、学校、社会中某一个或者某两个方面的事，而是这三个教育渠道的综合体，它们密切联系、相互配合、缺一不可。

二、劳动教育性质

劳动教育是新时代党对教育的新要求，是中国特色社会主义教育制度的重要内容，是全面发展教育体系的重要组成部分，是大中小学必须开展的教育活动。

（一）思想性

劳动教育鲜明的思想性表现在必须将马克思主义劳动观贯彻始终，强调劳动是一切财富、价值的源泉，劳动者是国家的主人，一切劳动和劳动者都应该得到鼓励和尊重；倡导通过诚实劳动创造美好生活、实现人生梦想，反对一切不劳而获、崇尚暴富、贪图享乐的错误思想。

（二）社会性

劳动教育突出的社会性表现在必须加强学校教育与社会生活、生产实践的直接联系，发挥劳动在个人与社会之间的纽带作用，引导学生认识社会，增强社会责任感；同时注重让学生学会分工合作，体会社会主义社会平等、和谐的新型劳动关系。

（三）实践性

劳动教育显著的实践性要求学生必须面向真实的生活世界和职业世界，引导学生以动手实践为主要方式，在认识世界的基础上，获得有积极意义的价值体验，学会建设世界，塑造自己，实现树德、增智、强体、育美的目的。

三、劳动教育基本理念

新时代的发展迫切呼唤教育面对新产业、新行业的人才培养需求，对于学生关键能力和核心素养都提出了更新的要求，也赋予了劳动教育新的时代内涵。新时代劳动教育开展要遵循以下基本理念：

（一）强化劳动观念，弘扬劳动精神

将劳动观念和劳动精神教育贯穿人才培养全过程，贯穿家庭、学校、社会各方面。注重让学生在学习和掌握基本劳动知识技能的过程中，领悟劳动的意义价值，形成勤俭、奋斗、创新、奉献的劳动精神。

（二）强调身心参与，注重手脑并用

把握劳动教育的根本特征，让学生面对真实的个人生活、生产和社会性服务任务情境，亲历实际的劳动过程，善于观察思考，注重运用所学知识解决实际问题，提高劳动质量和效率。

（三）继承优良传统，彰显时代特征

在充分发挥传统劳动、传统工艺项目育人功能的同时，紧跟科技发展和产业变革，准确把握新时代劳动工具、劳动技术、劳动形态的新变化，创新劳动教育内容、途径、方式，增强劳动教育的时代性。

（四）发挥主体作用，激发创新创造

关注学生劳动过程中的体验和感悟，引导学生感受劳动的艰辛和收获的快乐，增强获得感、成就感、荣誉感。鼓励学生在学习和借鉴他人丰富经验、技艺的基础上，尝试新方法、探索新技术，打破僵化思维方式，推陈出新。

四、劳动教育总体目标

劳动教育的总体目标是准确把握社会主义建设者和接班人的劳动精神面貌、劳动价值取向和劳动技能水平的培养要求，全面提高学生劳动素养，使学生具备以下劳动观念、劳动精神、劳动能力：

（一）树立正确的劳动观念

正确理解劳动是人类发展和社会进步的根本力量，认识劳动创造人、劳动创造价值、劳动创造财富、劳动创造美好生活的道理，尊重劳动，尊重普通劳动者，牢固树立劳动最光荣、劳动最崇高、劳动最伟大、劳动最美丽的思想观念。

（二）具有必备的劳动能力

掌握基本的劳动知识和技能，正确使用常见劳动工具，增强体力、智力和创造力，具备完成一定劳动任务所需要的设计、操作能力及团队合作能力。

（三）培育积极的劳动精神

领会“幸福是奋斗出来的”内涵与意义，继承中华民族勤俭节约、敬业奉献的优良传统，弘扬开拓创新、砥砺奋进的时代精神。

（四）养成良好的劳动习惯和品质

能够自觉自愿、认真负责、安全规范、坚持不懈地参与劳动，形成诚实守信、吃苦耐劳的品质。珍惜劳动成果，养成良好的消费习惯，杜绝浪费。

五、劳动教育主要内容

劳动是人类生存和发展的前提和基础，是人类基本的活动。劳动教育要通过丰富的劳动理论学习和劳动实践活动，提高劳动能力，深化劳动认识，主要内容包括：

（一）日常生活劳动教育

日常生活劳动教育立足个人生活事务处理，结合开展新时代校园卫生清洁，注重生活能力和良好卫生习惯培养，树立自立自强意识。

（二）生产劳动教育

生产劳动教育要让学生在工农业生产过程中直接经历物质财富的创造过程，体验从简单劳动、原始劳动向复杂劳动、创造性劳动的发展过程，学会使用工具，掌握相关技术，感受劳动创造价值，增强产品质量意识，体会平凡劳动中的伟大。

（三）服务性劳动教育

让职业学院学生利用知识、技能等为他人和社会提供服务，在服务性岗位上见习实习，树立服务意识，实践服务技能；在公益劳动、志愿服务中强化社会责任感。

第二节　劳动教育是职业教育的基础

苏联著名教育家苏霍姆林斯基曾说过："一个人的和谐全面发展、富有教养、精神丰富、道德纯洁——所有这一切，只有当他不仅在智育、德育、美育和体育素养上，而且在劳动素养、劳动创造素养上达到较高阶段时，才能做到。" 2018 年 9 月，习近平总书记在全国教育大会上明确指出教育是要培养德智体美劳全面发展的社会主义建设者和接班人，这清楚地表明了劳动在教育中不可或缺的重要地位。

对以使受教育者获得某种职业或生产劳动所需要的职业知识、技能和职业道德为目标的职业教育来说，劳动教育具有更加重要的意义和必要性。2019 年 6 月，教育部发布了《关于职业院校专业人才培养方案制订与实施工作的指导意见》，明确指出职业院校要贯彻德智体美劳全面发展的教育方针，并结合实习实训强化劳动教育，明确劳动教育时间，将劳动精神、劳模精神融入具体的教育教学当中，引导学生树立劳动意识，参与劳动实践。可以说，没有劳动教育，职业教育就失去了存在的内涵和发展的基础。

一、职业教育与劳动教育密不可分

（一）劳动教育是落实立德树人的目标的重要环节

劳动教育是发挥劳动的育人功能，对学生进行热爱劳动、热爱劳动人民的教育活动。职业院校劳动教育的重点是结合专业特点，增强学生职业荣誉感和责任感，提高职业劳动技能水平，培育积极向上的劳动精神和认真负责的劳动态度，注重培养学生的敬业精神，吃苦耐劳、团结合作、严谨细致的工作态度。职业教育和我国高等教育一样，承担着立德树人的中心任务。在整个德智体美劳"五育"体系中，高校的德育是其他各"育"目标的价值取向和灵魂所在，在整个人才培养体系中起主导作用。但是，道德品质养成是潜移默化的过程，需要以实践活动作为支撑。

职业教育突出的特征就是实践性，职业教育必须坚持与生产劳动相结合的原则。劳动教育是实践性很强的教育活动，劳动观念、劳动习惯以及劳动能力，都要在劳动实践中才能真正得到培养。劳动教育，能培养学生热爱劳动和热爱劳动人民的深厚感情，能培养学生树立热爱本职工作、忠于职守的良好职业道德。因此，要提升高职院校德育实践育人效果，可以将劳动教育作为德育的实践载体，在提升德育效果的同时，强化劳动教育。从这一点来说，劳动教育究其本质而言是德育的重要内容。加强劳动教育，提高高职学生的综合素质，是高职院校德育和素质教育的重要使命，也是落实立德树人目标的重要环节。

（二）劳动精神的培育是职业教育的首要任务

2014 年 4 月 30 日，习近平总书记同新疆 28 名劳动模范和先进工作者、先进人物代表座谈，向全社会特别是广大党员、干部发出号召，要带头弘扬劳动精神，增强同劳动人民的感情，带头在各自岗位上勤奋工作、踏实劳动。这是习近平总书记首次提出“劳动精神”。此后，他多次强调这一说法。2018 年全国教育大会上，习近平总书记提倡在学生中弘扬劳动精神。对于重视技能和实践的职业教育来说，劳动精神的培育应该是职业教育应有之义。

劳动精神是关于劳动的理念认知和行为实践的集中体现，展示了劳动者热爱劳动和辛勤劳作的精神风貌，反映了一个民族的价值取向，既是马克思主义劳动观的丰富和发展，也是对广大劳动者伟大实践的高度概括。新时代劳动精神的内涵在理念认知上表现为全社会尊重劳动、崇尚劳动、热爱劳动，在行为实践上表现为辛勤劳动、诚实劳动、创造性劳动。

新时代，我国正处于为实现“两个一百年”奋斗目标而努力的重要发展阶段，把我国建设成为社会主义现代化强国，需要大量高素质的技能型、应用型人才。我国职业教育正好迎合了国家发展战略中的这一重大需求。高等职业院校学生是我国高技能人才队伍的生力军，然而，就高等职业院校学生现状而言，其劳动精神缺失与社会对高素质劳动者需求间存在矛盾。只有对高等职业院校学生进行系统的劳动精神和职业精神的教育，才有助于他们树立正确的劳动观和价值观，能够激发他们学习的热情，增强他们学习的积极性和主动性，提高他们的身体素质，强健他们的体魄，培养他们欣赏美和创造美的能力，从而使学生全面协调发展，使他们在面对将来工作岗位时表现得更加游刃有余，从而能够满足新时代国家和社会发展的需要，成为合格的社会主义建设者和接班人。正因为此，习近平总书记在全国教育大会上明确要求：“要在学生中弘扬劳动精神，教育引导学生崇尚劳动、尊重劳动，懂得劳动最光荣、劳动最崇高、劳动最伟大、劳动最美丽的道理，长大后能够辛勤劳动、诚实劳动、创造性劳动。”

（三）劳动技能培养是职业教育的核心内容

劳动教育的目的是培养学生良好的劳动价值观、劳动技能，而劳动技能特别是关键劳动技能培养是职业教育的核心内容。也就是说，职业院校的劳动教育，应以劳动价值观培养为本，以劳动技能学习为用。生产力的提高离不开劳动技能的进步，在相同的劳动条件和强度下，劳动效率的提高或生产力的发展，有赖于劳动者的操作熟练程度即技术技能水平的提高。其实，人类生产活动的发展史就是劳动的发展史，同时也是职业教育的发展史。从实际生产来看，职业院校首要任务是培养能够适应现代社会分工的高素质劳动者。自工业革命以来，机器化大生产的显著特征是专业化、精细化、标准化和规模化。从传统学徒制到现代职业教育，劳动技能培养要求越来越高。当下，职业教育进入培养具有工匠精神的劳动者时代，工匠精神是对社会分工时代劳动者技能的进一步要求。新一轮工业革命为中国制造业的转型升级提供了难得的历史机遇，对劳动者的价值观和劳动技能提出了更高的要求，也给高等职业教育提出了新的发展目标。现代职业教育在人工智能时代到来之际，对学生劳动技能学习的要求不但没有降低，反而更高。职业院校也应从专业设置、课程开发、实训、企业实习等多方面调整更新，培养学生的关键劳动技能。

二、劳动教育彰显“手脑并用，做学合一”的基本原则

（一）黄炎培关于“手脑并用，双手万能”的思想

黄炎培是我国近现代职业教育杰出的开创者与奠基人，在长期职业教育生涯中，形成完整的职业教育思想体系，他的职业教育思想及其“手脑并用”的核心理念在我国职业教育乃至整个教育中具有重要的历史地位，对于我们今天“大力发展职业教育”仍然具有重要的理论价值和实践意义。

黄炎培在《实施实业教学要览》中给职业教育下了这样的定义：“凡用教育方法，使人人获得生活的供给及乐趣，一面尽其对群众之义务，此教育名曰职业教育。”职业教育的作用在于“谋个性之发展”“为个人谋生之准备”“为个人服务社会之准备”“为国家及世界增进生产力之准备”，职业教育的目的在于为“劳动者文化、业务水平的提高”“造就新型知识分子”服务，而“手脑并用”“做学合一”“理论与实际并行”“知识与技能并重”则是职业教育的基本教学原则。

黄炎培在这里所讲的手，是指以体力付出为主的劳动、实践、操作等，而脑则是指以知识、智能、技术等为主付出的脑力劳动，在职业教育中，要把劳动与知识、实践与理论、操作与技能相结合，手脑并用，学做合一。一方面，黄炎培主张教育与劳动结合，把“尊重劳动”作为职业教育所奉行的重要信条，把“劳工神圣”“敬业乐群”作为中华职业院校的校训；另一方面，黄炎培强调要注意学和用的联系，反对劳心劳力分离，注意学和用的联系，主张手脑并用，“要使动手的读书，读书的动手，把读书和做工两下联系起来”，只有手脑两部联合才能产生世界文明。

黄炎培

黄炎培在倡导手脑并用的同时，还特别强调“双手万能”，即强调在职业教育中要特别注重实践，用双手创造财富，用劳动来达到职业的目的，成为谋生的手段。

（二）劳动教育是落实“手脑并用，做学合一”的重要举措

新中国成立以后，将教育与生产劳动相结合的要求贯彻到构建新型人民教育制度的过程中，成为新旧教育区别的重要标志之一。新中国成立以后的很长一段时间，我们国家坚持的都是以参与生产实践为主开展劳动教育。这一做法使我们能够基本克服面临的物质上的困难，并能够满足国民经济对建设大军的需要，使我们国家得以在艰难中曲折前行。改革开放 40 余年，我国的劳动教育主要是作为智力教育的补充，劳动教育曾一度弱化淡化。今天，“劳动最光荣、劳动最崇高、劳动最伟大、劳动最美丽”已经成为我们的时代强音，培养德智体美劳全面发展的人才也成为新时代教育发展的根本目标。

“手脑并用”职教理念，符合我国经济社会发展的内在要求。随着我国以经济建设为中心的基本路线的确立，随着对我国国情的认识的清醒，随着改革开放以来我国经济的快速发展和世界范围的科技革命，我国对以“手脑并用”为本质特征的职业教育的呼唤到了前所未有的程度。以服务人民大众为目的的“手脑并用”职教理念，符合民众生存发展的内在需要。黄炎培当年提出“手脑并用”职教主张，思想基础是“劳工神圣”“双手万能”“职业神圣”“职业平等”，要解决的现实问题是平民的生计（就业）问题。如今，一方面我国社会经济发展了，人民群众的物质和文化需求提高了，而几千年积淀形成的“学而优则仕”“劳心者治人”的旧观念还不可能完全清除，且社会可供的“仕”岗位、“劳心者”只能是相对的极少数。在这种情况下，广泛普及“手脑并用”的职业教育观，大力发展“手脑并用”的职业教育，对于广大民众的生存发展来说，才是最为有效的。此外，新兴产业、行业的出现，对劳动者的职业能力和素养要求不断提高，要构建和谐社会、解决就业和再就业必须依靠“手脑并用”的职业教育和培训。

课后思考

1. 结合自身学习生活实际，说说你对新时代劳动教育内涵的理解。
2. 劳动教育的主要内容有哪些？
3. 举例说明正确的劳动观念有哪些。

【实践活动设计】

我的劳动规划

以劳树德、以劳增智、以劳强体、以劳育美、以劳创新，以探究发现、解决问题。同学们，明确了劳动教育的基本要求后，请结合学校实际和个人兴趣，做好劳动规划，请写下你的想法和决心。

领域	计划完成的任务
日常生活劳动	
服务性劳动	
生产劳动	
实验实践	
创新创业	
劳动周	

签名：______ 日期：______年______月______日

体力劳动是防止一切社会病毒的伟大的消毒剂。

——马克思

世间没有一种具有真正价值的东西，可以不经过艰苦辛勤劳动而能够得到的。

——爱迪生

第二章 劳动是人的本质活动

本|章|导|读

劳动是人类生活中最为常见的现象。马克思主义劳动观是我们正确认识劳动本质、树立科学的劳动观的理论基础。

本章系统阐述了马克思主义劳动观的内容。马克思主义认为，劳动是人和动物的本质区别，在人和人类社会形成的过程中，劳动为人类提供了生存所必需的物质资料和精神资料，劳动创造了价值，也体现着人的本质，因此，劳动是人类社会存在和发展的前提和基础。而资本主义社会，由于劳动者和自己生产的劳动产品之间的异化，导致劳动者与劳动本身、人的类本质以及人与人相异化，因而资本主义社会生产条件下的劳动是异化劳动，只有不断扬弃异化劳动，才能获得人的自由全面的发展，共产主义社会才能真正实现。

通过本章的学习，我们希望同学们一方面要全面准确了解马克思主义劳动观内容，树立正确的劳动观；另一方面以马克思主义劳动观为指导，树立“劳动最光荣、劳动最崇高、劳动最伟大、劳动最美丽”的正确理念，并在实践中养成尊重劳动，热爱劳动、参与劳动的良好习惯。

第一节　劳动是人类社会存在和发展的基础

“劳动”一词古已有之。中国古代典籍中有“劳心者治人，劳力者治于人”的体力和脑力劳动之分。在汉语中，古代金人的劳字是由上边两个“火”字和下面一个“心”字构成的，即火在心头燃烧，表示的是一种内心的忧心如焚的状态。英文的劳动“labour”，它派生于古法语的 labor 和拉丁语的 laborem，这些词都含有艰辛的、劳累的、困苦的意思。意为工作、辛苦等。在古代社会，劳动意味着辛苦、费力，似乎是低贱的、令人憎恨的事情。进入近代以来，人们对劳动的理解在不断改变，但此时劳动的概念主要局限在经济学、社会学的范畴。

马克思从人的存在方式和人的本质出发，对劳动的内涵作出了深刻的界定。马克思指出：“劳动首先是人和自然之间的过程，是人以自身的活动来中介、调整和控制人和自然之间的物质变换的过程”。这一概念深刻地揭示了劳动、人与自然三者之间的关系，把劳动理解为人与自然之间的物质变换过程。马克思关于劳动内涵的科学界定，充分肯定了劳动在人类起源和生存、社会进步、人的本质以及人的发展中的作用。可以说，劳动既是人类产生和发展的前提，又是人类社会存在和发展的基础。

一、劳动创造了人和人类社会

人和人类社会不是从来就有的，而是自然界长期发展的产物，是由古猿进化而来的。这是经过科学证明的真理。在从猿到人、从猿群到人类社会的过程中，自然界的生物进化只是在古猿体制形态和群体结构上给人类社会的产生提供了自然前提，而从自然界向人类社会的根本飞跃，劳动起了不可或缺的作用。

（一）劳动创造了人

为了获取生活资料，比如在采集或者狩猎过程中，古猿越来越多地用后肢支撑前肢进行各种获取生活资料的活动，这种本能式的劳动使得古猿的前肢逐渐变得灵巧、精细，在很大程度上促进了手和脚的专门化发展，使前肢从四肢中解放出来。这样，猿“手”就具备了变为制造工具和使用工具的人手的可能性。恩格斯因此说："手不仅是劳动的器官，还是劳动的产物"，"手"的专门化意味着工具的出现，而工具意味着人所特有的活动，意味着人对自然进行改造的反作用，意味着生产。制造工具是真正人类劳动的标志，也是人猿揖别的标志。

劳动促使从猿到人的进化

（二）劳动创造了人类社会

在制造工具和运用工具的过程中，古猿的大脑也得到了锻炼。群居的古猿在日常的活动中不可避免地需要交流，起初的交流限于彼此间能理解的特定的声音或者简单的肢体语言。随着活动越来越复杂，交流的内容也越来越丰富，从而彼此之间到了不得不说的地步，这样就产生了语言。"首先是劳动，然后是语言和劳动一起，成了两个最主要的推动力，在它们的影响下，猿脑就逐渐地过渡到人脑。"伴随着人脑和感觉器官的逐步完善，人类特有的意识和抽象思维能力便形成了。从此，猿变成人，猿群变成人类社会。正是由于劳动，使人类从动物中脱颖而出。所以，在人和人类社会的形成过程中，劳动起了决定性作用。

二、劳动是人类获取生存资料的源泉

人们日常的生活保障，社会的正常运行，都必须有基本的生存资料。生存资料既包括像食物、衣服、住房、交通工具等物质资料，还包括交往、教育、娱乐等精神层次的活动及与之相应的精神资料。随着社会的发展，人们对自身所需要的物质和精神资料要求越来越高，而这些要求只有人类运用智慧并通过劳动才能实现。

（一）劳动创造生存所必需的物质资料

马克思说："我们首先应当确定一切人类生存的第一个前提，也就是一切历史的第一个前提，这个前提是：人们为了能够'创造历史'，必须能够生活。但为了生活，首先就需要吃喝住穿以及其他一些东西。因此，第一个历史活动就是生产满足这些需要的资料，即生产物质生活本身。”人类社会要存在和发展，不能仅仅依靠自然界直接提供的物质资料，因为这些物质资料是处于不稳定的供给状态的，受地理环境、气候影响很大。而且，这些物质资料本身不会自动转变为与人类生存发展有益的形态，而是需要通过一种中介来促成其转换成维持人类生存的必需资料，这个中介只能从人类本身中去寻找，它就是集物质与意识为一体的人类劳动。因此，物质资料的生产是人类历史活动的第一个方面，也是人类历史的基本条件，只有劳动，人类才能维持基本生存。

（二）劳动创造生存所必需的精神资料

马克思认为，与动物那种在直接的肉体需要的支配下的生产不同，人类还可以摆脱肉体需要进行生产。也就是说，人们在满足基本的生活特别是基本的物质生活需要后，将产生一个更高层次的精神发展的需要，即人们的精神文化需求，这是人类特有的属性。按照美国心理学家马斯洛的需求层次理论告诉我们，人们的需求从低到高分为：生理需要、安全需求、社交需求、尊重需求和自我实现需求五个层次。随着社会经济的发展，人们对精神需求的要求越来越高，对精神文化生活如教育、娱乐活动、旅游、交往等需求越来越高，这些精神文化生活所需求的精神资料的满足也必须通过劳动才能实现。

三、劳动体现着人的本质

马克思指出，人的本质是由劳动、需要、交往和意识四个要素组成。其中，劳动是最关键、最核心的元素。

（一）劳动是人类特有的目的性活动

这与动物被动、消极地适应自然不同。动物的生命活动仅仅是一种生存活动，只是以自己的本能去适应环境而获得生存权。因为人类是唯一有意识、有思维的高级动物，人类的活动都是通过自己有意识的、能动的劳动去主动改变这个世界，从而满足自己物质和精神的需求，并以此调整和控制人和自然之间的物质变换的过程。换言之，人的劳动是有目的的，这个目的是在人类活动之前就知道的。也就是说，人类在结束劳动之前就已经在头脑中以观念的形式预先知道劳动结束时的结果。正如马克思说：“蜘蛛的活动虽然和织工的活动相似，蜜蜂建筑蜂房的本领让人类的许多建筑师自愧不如，然而最蹩脚的建筑师从一开始就比蜜蜂高明的地方就在于他在建房以前就已经在头脑中把它建成了。”

（二）人在劳动中改造、发展并确证着自己的本质力量

马克思在《1844 年经济学哲学手稿》中写道：“一个种的全部特性，种的类特性就在于生命活动的性质，人的类特性恰恰就是自由的自觉的活动。”人的本质是自由自觉的活动，

即劳动，这也是人与动物相区别的最根本的标志。在劳动过程中，人们把自己的知识、技能、意图物化到对象中，由此占有对象，在此过程中也发展了自己的本质力量。正是在改造对象世界的劳动过程中，人才真正地证明自己是类存在物，自然界才表现为他的作品和他的现实。因此，人的全部劳动活动及其劳动成果，都是人的本质力量的表现和确证。在劳动发展的同时，人的本质力量和人的创造力也得到了极大的发展。

（三）劳动是人类社会关系的纽带

劳动是社会性的活动，日常生活中，人与人之间的联系和交流，同一部门或者不同部门之间成员的交往，大都是通过工作来实现的。他们只有以一定的方式共同活动和互相交换其活动，才能进行生产。为了进行生产，人们相互之间便发生一定的联系和关系，因而促进了社会的形成和发展，进而产生了私有制、阶级和国家，出现了利益冲突。为了不致社会在人类冲突中崩溃，人们之间形成了各种自觉及不自觉的规则和习惯，形成了所谓的法和道德。因此，以劳动为本质的人实质是社会的存在，脱离社会的单独的孤立的个人是不存在的，也是从这个意义上讲，马克思指出，人的本质在其现实性上是一切社会关系的总和。

四、劳动创造了价值

马克思从商品属性出发，在历史唯物主义的基础上创立了彻底的科学的劳动价值论。他指出，“劳动是一切价值的创造者，只有劳动才赋予已发现的自然产物以一种经济学意义上的价值”。马克思的劳动价值论认为，劳动是商品价值的唯一源泉，劳动不仅创造出新价值，还把劳动对象等生产资料的价值转移到商品中去。评估一件产品的价值的唯一尺度，是包含在产品中的无差别的人类劳动。比如同一把椅子，一把很精美，一把很粗糙，那么在市场上的销售价格，肯定是精美的比粗糙的要高，这是为什么呢？就是因为工匠在制作精美的椅子时付出了更多的劳动，它里面包含的价值更大。

（一）劳动分为抽象劳动和具体劳动

马克思认为，抽象劳动和具体劳动不是指两种劳动或两次劳动，而是可以理解成生产商品过程中的同一种劳动的两个方面或两个属性。所谓抽象劳动，是指将各种不同的有用劳动的具体形式抽掉，还原为无差别的一般人类劳动力的耗费的那种劳动，抽象劳动生产商品的价值。所谓具体劳动，是建立在社会分工基础上的有用劳动。具体劳动或有用劳动生产商品的使用价值，具体劳动必须同自然物质要素结合在一起才能发挥作用。具体劳动决定着商品的质的方面，即使用价值的方面。

（二）商品的价值量是由生产商品的劳动量决定

马克思认为，商品的价值是人类劳动的凝结和物化，因此，衡量商品的价值量的大小也只能由商品中所付出的劳动量的多少这个尺度来把握。而衡量劳动量的天然的尺度就是劳动时间，因此，生产商品所耗费的劳动时间决定了商品的价值量。由于每个生产者或劳动者本身的素质或条件天然存在着差别，同一生产过程所需花费的时间也会不同，因此，商品的价值量就不能由单一的劳动者所耗费的个别劳动的时间来决定，而应该由全社会对同一生产过程所花费的平均劳动时间，也就是社会必要劳动时间来决定。

（三）劳动在价值创造和价值形成过程中起了决定性作用

马克思提出两个概念："活"劳动和"死"劳动（物化劳动），前者指在劳动过程中，人的体力和脑力上的耗费；后者指这一过程的结果，即人的劳动完成以后凝结在产品中的人的劳动。马克思认为，在所有的生产要素中，"活"劳动不仅是商品价值创造的源泉且是唯一源泉。"活"劳动是能使"死"劳动增值的劳动，物化劳动离开"活"劳动只能是"死"的。"……机器和纱一旦中断了同'活'劳动的关系，机器就会生锈，纱就会成为无用的赘物，而且还会腐坏……"。从这个角度说，"活"劳动不仅是商品价值创造的源泉且是唯一源泉。人是劳动过程中最主体、最优先的因素，也是"活"劳动的主体存在。当然，整个价值创造的过程中，物化劳动也是必不可少的，缺少物化劳动，任何生产劳动都无法进行。因此，也只有将"活"劳动和物化劳动结合起来，才能使产品的使用价值得以形成，价值得以创造。

综上所述，劳动价值理论认为劳动特别是产业部门的劳动，是创造财富价值的唯一源泉。在市场经济中，出租土地、房屋、以股东身份参与投资也能获得收益，但这不是因为这些资本的拥有者创造了价值，而是因为他们有根据资本获得收益分配的权利。人类只有对自然界施加劳动，才能在自然界万物上增加价值，否则我们拥有的只有自然界赠予我们的原始使用价值。超市里的商品，就算是一根针也不能被无偿拿走。这是因为超市里的商品都是人类施加了劳动的财富。

总之，劳动在人类起源和生存、社会进步、人的本质以及人的发展中都起着重要的作用，因此，劳动是人和人类社会存在和发展的基础。

第二节 对"异化劳动"的扬弃是实现人自由全面发展的前提

劳动是人类特有的基本的社会实践活动。人类凭借工具改造自然物，使之适合自己需要，同时改造人自身的有目的的活动，这是一种自由自觉的生命活动，也是劳动作为人的本质的自我确证。然而，资本主义社会，由于生产资料归资本家所有，工人只有出卖劳动力才能获得生活来源，劳动成了工人获取生存资料的手段而不再是目的，劳动已经发生异化。随着生产的发展、生产资料公有制的确立，在共产主义社会，劳动发展的现实路径是扬弃"异化劳动"走向"自由劳动"，从而实现人的解放和自由全面发展。

一、资本主义条件下的劳动是"异化劳动"

"异化"一词源自拉丁文，翻译成英文为"alienate"，有转让、疏远、脱离等意。作为哲学概念，异化是指主体发展到一定阶段，分裂出自己的对立面，作为一种异己的力量而存在，这个外在的异己的力量又反过来抑制主体自身。马克思在继承了黑格尔、费尔巴哈以及其他经济学家和思想家的异化思想的基础上，在《1844 年经济学哲学手稿》（简称《手稿》）中提出了"异化劳动"这一重要概念。他指出，所谓"异化劳动"，就是"劳动所产生的对象以及劳动的产品，作为一种异己的存在物，作为不依赖于生产者的力量，同劳动相对立。""异化劳动"概念的提出尖锐地揭露了资本主义制度下无产阶级受剥削、受压迫的遭遇。共产主义社会必然要扬弃异化劳动。

马克思认为，人的类本质是"自由的有意识的活动"，这种活动应该不受外界异己的力量所控制，相反是在主体的自由掌控之下的，这也正是人和动物的根本区别所在。然而，随着生产力的发展，社会分工必然出现，这种社会分工并不是为了人的自身喜好和发展，而是为了满足生存的需要。在资本主义社会，资本家占有生产资料，并凭借对生产资料的私人占有剥削工人的劳动，工人必须依靠出卖劳动来获取生存资料，这种劳动是一种存在雇佣关系的奴役性劳动。劳动成了生存的手段，其性质就与"自由自觉的活动"大相径庭。这样，异化劳动就产生了。资本主义生产条件下，异化劳动表现为劳动者同自己创造的劳动产品相异化、劳动者同劳动本身相异化、认同自己的类本质相异化以及人与人之间相异化等四重规定性。

（一）劳动者同自己创造的劳动产品相异化

一般来说，劳动者作为劳动主体，通过自由的劳动创造并掌控劳动产品，劳动产品作为劳动者的劳动产物而从属于劳动者。劳动产品也促使劳动者实现了自己的价值，这种价值也理应归劳动者所占有。但是，在资本主义制度下，由于资本家垄断了所有的生产资料，工人为了生存，只能服从于资本家的雇佣。资本家的逐利性使得工人的劳动无法按照自身意志自由决定。资本家攫取了工人创造的全部利润，只支付给以工资形式体现的维持工人自身最低生存的劳动力价值。也就是说，工人所付出的劳动仅仅只是用来满足自己最基本的生活需要。这样，工人无权支配自己的劳动产品，相反劳动产品却成了不依赖于工人的异己力量且同工人自身相对立而存在，或者说成为奴役工人的对象，工人生产得越多反而被奴役更严重。最终，资本家占有的物质财富越来越多，剥削得越深，工人相对资本家变得越来越贫穷，从而贫困的程度也越深。工人创造出来的产品越有价值，他自己却越没有价值。“物的世界的增值同人的世界的贬值成正比。”劳动者和自己创造的劳动产品已经发生了异化。

（二）劳动者同劳动本身相异化

马克思在《手稿》中这样写道：“劳动者在自己的劳动中并不肯定自己，而是否定自己，并不感到幸福，而是感到不幸，并不自由地发挥自己的肉体力量和精神力量，而是使自己的肉体受到损伤，精神遭到摧残。”这深刻地揭露了资本主义条件下劳动者与劳动之间相异化的现实。按照马克思的观点，劳动是人的本质力量对象化的一种活动，劳动应该是劳动者的一种自主的活动。在劳动中，劳动者的智慧和体力都得到发挥，而且，劳动者本身也在劳动过程中得到创造和生产的幸福和愉悦。但是，在资本主义社会，工人劳动的目的是为了从资本家的手中获得赖以生存的工资，是为了维持生存，而不是出于自己的主观意愿。因此在从事这种劳动时，工人是被动地进行劳动，无法感受到劳动的快乐，只有远离这样的劳动工人才觉得快乐。“劳动的异化性的一个明显的表现是，只要对劳动的肉体强制或其他强制一消失，人们就会像逃避鼠疫一样地逃避劳动。”

（三）人同自己的类本质相异化

马克思认为，人作为一种“类存在物”，与动物的根本区别就在于人能够劳动，这种劳动是一种自由自觉的活动，既能发挥人的主观能动性，也能够实现自己的价值，从而为社会创造价值。劳动是人的类本质，自由是人的根本追求。但在强制的社会分工的资本主义私有制下，劳动仅仅变成了维持生存的手段，工人的劳动是被迫的劳动，是为了维持工人肉体生存的手段。劳动不再是自由自觉的活动，工人只是把劳动作为满足肉体需要的手段，这无异于动物那种为满足生命需要的本质，“动物和自己的生命活动是直接的同一的。动物不把自己同自己的生命活动区别开来。它就是自己的生命活动”。当劳动这种生命活动、这种生产生活本身对人来说不过是满足一种需要即维持肉体生存的需要的手段时，自由的生命活动就立即异化为异化的活动，即异化为异化劳动本身。为此，劳动成了手段而不是目的本身。就是说“异化劳动”把自由自觉的目的性活动贬低成为维持肉体生存的手段。这样，人的类本质就丧失了，人不再是作为真正意义上的人而存在，人就同自己的类本质发生了异化。

（四）人与人之间相异化

马克思认为，“人同自己的劳动产品、自己的生命活动、自己的类本质相异化这一事实所造成的直接结果就是人同人相异化。”人的本质不是单个人的生物性存在，而是以各种社会关系形式的社会性存在。个人的存在同时表明个人与他人的共同存在，因而人与人的异化关系，就同时表明了人同他人的异化关系，因为人对自身的异化关系只有在他人身上才能得到体现和维持。在资本主义社会，工人自身与他本人生产的劳动产品发生了异化，这种异化关系依附在劳动产品上，并随着资本家对劳动产品的占有而转移到了资本家身上，表现为劳动者同资本家之间的异化，即资本家对劳动者的剥削，劳动者对资本家的反抗。这种劳动者与资本家之间的异化关系，也是工人阶级与资产阶级之间不可调和的矛盾的表现。从人的社会关系角度上来说，异化劳动直接导致了人与人的社会关系的异化。

马克思认为，正是由于生产资料私有制造成了工人的劳动与其劳动条件的分离，也造成了工人的劳动和劳动产品、劳动本身、类本质以及与他人直接的关系都发生了异化，而不合理的社会分工又加剧了这种分化。总之，在资本主义社会，异化劳动既是私有财产的本质，也构成了资产阶级与无产阶级尖锐对立的深刻根源。因此，从这点来说，马克思的异化劳动理论成了批判资本主义，进而理解共产主义社会最终要扬弃异化劳动的一把钥匙。

二、劳动在当前社会主义初级阶段仍然是一种谋生手段

马克思在《哥达纲领批判》中曾指出：“劳动是一切财富和一切文化的源泉，任何一个社会都离不开劳动”，社会主义社会也是如此。自从 1956 年三大改造完成以来，我国就确立了以生产资料公有制为基础的社会主义制度。但是，在社会主义初级阶段，由于生产力发展水平相对共产主义社会低下，社会产品不能极大丰富到可以像共产主义社会那样实行按需分配，必须通过鼓励劳动来不断增加社会财富。劳动者向社会提供劳动产品，社会以劳动为尺度向劳动者分配消费品。当前，除公有制以外，我国现阶段还存在多种经济成分，相应地也存在不同的分配方式，无论哪种分配方式都是以劳动作为获取报酬的途径。此外，现阶段我国商品经济和旧的社会分工还没有完全消失，不同生产部门的劳

动者要想获得其他部门的产品，必须通过交换的方式来生产，因而劳动仍是作为一种谋生的手段而存在。

（一）劳动在任何社会都是谋生手段

劳动作为谋生的手段是人类社会存在的必要条件。马克思指出：“任何一个民族，如果停止劳动，不用说一年就是几个星期，也要灭亡，这是每一个小孩都知道的。”恩格斯则把生产劳动看作是“人类生存的自然条件”。在社会主义社会，随着科学技术的发展，劳动生产率的不断提高，人们的劳动时间将越来越缩短。特别是在现代化的智能化生产条件下，人工智能已经取代相当一部分体力劳动甚至部分脑力劳动已经成为很普遍的现实。但是，即便人工智能能代替人的许多劳动，也不能代替人的所有的劳动，更何况所有的机器。人工智能也都是人的体力劳动和脑力劳动的产物，并且都需要由人来掌控和使用。所以，只要人类社会还存在，人的劳动就将作为人类生存的一种“自然必然性”而继续存在。正如马克思所说：“像野蛮人为了满足自己的需要，为了维持和再生产自己的生命，必须与自然进行斗争一样，文明人也必须这样做，而且在一切社会形态中，在一切可能的生产方式中，他都必须这样做。”可见，作为谋生手段的劳动，存在于“一切社会形态”之中，并不会随着社会的发展而消除。

（二）初级阶段生产力水平决定了劳动是谋生的手段

自从我国进入社会主义以来，社会就实现了全体劳动者共同占有生产资料，劳动者受压迫和奴役的状况已经彻底改变，那种凭借对生产资料的占有剥削他人劳动的现象作为一种制度不复存在。劳动者生产积极性大大提升，使得社会生产力获得前所未有的发展。特别是改革开放 40 多年，中国取得了举世瞩目的成就，成为世界第二大经济体，社会财富不断增加，劳动者的劳动条件和劳动待遇都获得了翻天覆地的变化。但是，由于历史原因，我国是从一穷二白的半殖民地半封建社会直接过渡到社会主义社会的，我国现阶段最基本的国情仍然是社会主义初级阶段，不是马克思所说的具有比资本主义更高的生产力水平的社会主义，这使得我们需要一个很长时间来发展生产力，弥补社会财富的不足，为将来共产主义按需分配的实现打下坚实的基础。这样，就需要全体社会劳动者积极劳动，创造社会财富。国家为了肯定劳动者的辛勤劳动，鞭笞和打击那些妄图不劳而获的人，采取给劳动者支付劳动报酬的形式。为了体现社会公平，劳动报酬必须体现劳动差别，即多劳多得，少劳少得，不劳不得，这也是按劳分配的基本原则。

（三）初级阶段的基本经济制度决定了劳动是谋生手段

改革开放以来，为了提升我国公有制经济的竞争力，也为了引进外来先进技术以促进我国生产力发展，我国逐步形成了以公有制为主体，多种所有制共同发展的所有制结构，并随着市场经济体制的完善而不断发展，与此同时，确立了按劳分配为主体、多种分配方式并存的分配制度，一起构成了我国初级阶段的基本经济制度。

首先，我国是社会主义国家，要以公有制为基础，因此，公有制在我国现阶段的经济制度中占主体地位。但是，在公有制条件下，劳动者共同占有生产资料，成了国家的主人，而且在劳动中的地位是平等的，不存在压迫和被压迫的关系，全体社会成员都是劳动者，他们通过向社会提供劳动获取个人消费品和生活来源，因此，劳动是谋生的手段。

其次，我国处在社会主义初级阶段，生产力水平呈现不全面、不平衡、不协调的状态，需要发展多种不同层次的所有制来适应不同层次的生产力水平。目前我国的非公有制经济有个体经济、私营经济和外资经济等。除个体经济外，还存在雇佣劳动现象，但是，他们是在公有制为主体的经济制度下，在国家的法律法规政策的引导下合法生产和经营的不同利益主体。为了引导其更好地促进社会发展，必须鼓励这些主体在市场经济条件下合理竞争。为了提升自身竞争力，企业经营者会采用各种激励机制来调动企业员工的积极性，以增加劳动报酬的方式来鼓励劳动者积极参与提升企业效益的劳动，这就使得多种分配方式的出现有了可能。但是不论哪种分配方式，都主要是建立在劳动者付出劳动的基础之上的，从这一点说，劳动仍然是一种谋生的手段。

三、劳动在共产主义社会将是人的第一需要

马克思归纳了异化劳动的四重规定，也深刻分析了异化劳动产生的根源，批判性地揭露了资本主义私有制条件下的劳动既是对劳动本身的异化，也是对人本质的否定。并指出，只有消灭私有制，才能消除异化劳动，使劳动回归真正的本质——人自由自觉的生命活动，人才能真正获得解放。共产主义正是因为消除了私有制，从而消除了异化劳动以及人的自我异化得以产生的根源，这是一种积极的扬弃，所谓的积极扬弃就是只扬弃和消灭使劳动异化的生产方式，并不是扬弃和消灭对象化劳动本身，从而恢复人的社会的本质，实现人自由全面发展。

（一）共产主义扬弃异化劳动，实现劳动的解放

从本质上来说，劳动具有两重规定性，第一重规定性就是人类赖以存在的前提和基础，是物质生活资料生产——人与自然之间的物质交换关系；另一重规定性是社会关系，也就是指许多个人的共同活动。劳动解放也就包含自然层面的解放和社会层面的解放。前者指的是主体在实践中不断增进对自然的认识，因而劳动能力也随之提高，从而不断摆脱自然界对自身的约束，进而促使生产力不断发展；后者主要是指将劳动由那种为了生存被迫进行的异化劳动而转化为自主劳动，这种劳动是能够充分体现人的自主性和创造性的自由劳动。

共产主义扬弃异化劳动的运动轨迹是：一方面，通过社会主义革命以及共产主义运动扬弃私有制，使社会生产资料平等地归全体社会所有，全体社会成员平等地参与社会劳动，分享其劳动成果。这样，他们的生产积极性和创造性得到更大程度地发挥，因而生产力也获得了极大地发展，劳动者逐渐从自然界的束缚中解放出来。另一方面，在这样的劳动条件下，一切使人的劳动受奴役的社会关系、生产关系都得到消灭，这种新型劳动关系的建立意味着劳动从社会层面的解放。

（二）劳动的解放促进了人自由全面的发展

马克思在《共产党宣言》中这样描述道，“代替那存在着阶级和阶级对立的资产阶级旧社会，将是这样一个的联合体，在那里，每个人的自由发展是一切人的自由发展的条件。”马克思认为，只有在未来的共产主义社会才能真正实现人的自由全面发展和劳动的解放，进而实现人类的解放。

马克思认为，实现共产主义的前提和基础是人的“自由自觉的劳动”的实现。一方面，随着私有制的废除，社会生产力高度发展，生产的东西可以逐渐满足全体社会成员充裕的消费和充足的储备，社会也会朝着减轻劳动的辛劳程度方向发展。在这一过程中，作为用以交换的劳动产品——商品消失了，社会按照个人需要分配劳动产品，这样，劳动就不再只是人们获取生存资料的手段而变成了人们自由自觉的活动，劳动的本质也由此得到回归；另一方面，由于生产工具的进步和人的能力的发展，人们掌握劳动技能变得更加容易，他们不需要特殊的体力和长时间的专门训练就可以很好地掌握一门劳动技能，个人不再被束缚在某一种劳动技能中。也只有在这样一个有闲暇时间的社会里，人们才有可能“随自己的心愿今天干这事，明天干那事”时，劳动已经不是原来意义上的劳动了，“生产劳动就不再是奴役人的手段，而成了解放人的手段。因此，生产劳动就从一种负担变成一种快乐”，成为人们的第一生活需要。人们可以根据自己的意愿和能力，在多个领域中从事许多方面的活动，自由地和充分地发挥和发展自己的体力、智力和创造能力，使自己个性的丰富性和多样性充分地实现和发展，真正实现人的自由而全面的发展。

课后思考

1. 谈谈马克思主义劳动思想的基本观点。
2. 结合史实，谈谈劳动在中国历史发展进程中的作用。
3. 结合人及人类社会的发展，谈谈劳动的重要性。
4. 什么是“异化劳动”，表现在哪些方面，产生的原因是什么？
5. 结合社会生活实际，说说为什么在社会主义初级阶段劳动仍然是谋生的手段。

【实践活动设计】

致敬校园劳动者

漫步在校园，花有清香树有荫，一年好景四时锦；成长在校园，温馨话语入心弦，温情相助让人暖。同学们，大家是否留意过谁在为我们校园运转默默付出？为井然有序、洁净无尘、有条不紊的校园生活做出贡献呢？是兢兢业业的教师、恪尽职守的保安，还是分工明确的食堂师傅、忙碌不停的保洁人员……请和同学一起，利用课余时间，开展实地调查、访谈，了解校园劳动者的工作情况，用照片、视频、文字等形式捕捉校园各岗位上劳动者的劳动瞬间，向他们表达敬意！

1. 致敬教师：________________

____

____

2. 致敬辅导员：________________

____

____

3. 致敬保卫人员：________________

____

____

4. 致敬清洁工人：________________

____

____

5. 致敬食堂师傅：________________

____

____

6. 致敬宿管阿姨：________________

____

____

7. 致敬学校医护人员：______________________________

____

____

8. 致敬学校建筑工人：______________________________

____

____

我从他们身上发现的闪光点	我要向他们学习	我要做出的改变

我知道什么是劳动：劳动是世界上一切欢乐和一切美好事情的源泉。

——高尔基

劳动可以使我们摆脱三大灾祸：寂寞、恶习、贫困。

——歌德

第三章 劳动是人生幸福的源泉

本|章|导|读

追求幸福是每个人享有的权利，也是我们每个人努力奋斗的目标。劳动为我们架起了通往幸福生活的桥梁，辛勤劳动是人生幸福的重要途径，安全劳动是人生幸福的可靠保障。

本章通过深刻阐述马克思主义的幸福观，从劳动创造物质基础，提供精神条件，创造更多的社会价值三个方面说明劳动是幸福实现的主要途径，提出勤劳作为中华民族优秀传统是走向成功的根本路径，守法依规是安全劳动的重要保障。

通过本章内容的学习，我们希望同学们一方面要树立正确的幸福观，明确劳动是人生幸福的源泉；另一方面要遵守法律法规，辛勤劳动，把个人梦融入国家梦，做新时代的奋斗者！

第一节　树立正确的幸福观

幸福是人类生活永恒的主题，也是人们最朴素的愿望，追求幸福是每一个人努力奋斗的目标。但时至今日，仍有不少人对幸福的内涵缺乏科学理解，对正确的幸福观缺乏全面认识，影响了幸福感的获得。马克思终生都在为广大人民群众的幸福生活而奋斗，他对确立人类正确的幸福观做出了精辟的论述。在价值多元化时代，马克思主义的幸福观作为人类追求幸福生活的导向作用日益凸显。

一、反对两种错误幸福观

人们对幸福的根本看法和态度就是幸福观，它是人生观的重要组成部分，是人生观在幸福问题上的具体表现。人们的幸福观受一定时代和社会条件的影响，人们生活的价值目标不同，幸福观也就不同。

（一）资源占有幸福观

资源占有幸福观把幸福等同于金钱、地位、权力、财富等各种各样的社会资源，认为只有占有更多的社会资源才会幸福，占有的社会资源越多就越幸福。在市场经济条件下，谋求利益最大化成为人们行为的普遍动机。所有社会资源本身都是利益，而且可以作为带来更大利益的资本。于是，在不少人那里，占有资源便不再是幸福的必要条件，而成为人生的目标，成为幸福的标志。

资源占有幸福观最大的问题是会导致人的异化，把作为幸福条件的占有资源当作了幸福本身，并受控于占有欲，从而损害个人和社会。占有一定的资源是人生幸福的必要条件，但它只是幸福的条件而不是幸福本身。一旦将资源占有当作幸福本身，那么占有欲望就会不断膨胀，最后充斥整个心灵，人不再是自己生活的主人，而成为不断膨胀的贪欲的奴隶。

（二）物质享受幸福观

物质享受幸福观认为感性欲望越是得到满足，获得的享受越多就越幸福。在市场经济条件下，市场主体为了获得更多的利润，不断刺激和开发人们的消费欲望，并且给人们欲望的满足提供了目不暇接的产品和服务。在这种消费主义的社会环境中，人们很容易以为越多欲望得到满足就会越幸福。于是，物质享受幸福观便流行起来。

物质享受幸福观的问题不在于追求物质享受，在于仅局限于此而忽视了人的其他需要的满足，容易导致心理问题。人的需要或欲望有不同的层次，物质需要是人的最低层次的需要。除此之外，人还有情感的需要、社会尊重的需要，以及自我实现的需要。所有这些需要都要得到一定程度的满足，心理才能平衡与和谐，否则就会发生心理问题，甚至会患上心理疾病。把物质欲望的满足当作幸福本身，必然会导致恶性循环，欲望得不到满足会感到痛苦、郁闷、愤懑，得到满足又会感到无聊，于是又会追求更多、更强烈的欲望的满足，如此恶性循环往复，直至心灵不能承受欲望之重。

二、树立马克思主义幸福观

马克思主义幸福观来源于人类社会实践，具有科学性，是马克思主义对立统一的辩证思想的集中体现。实现马克思主义幸福观，离不开主观与客观、物质与精神、个人与社会、享受与劳动等多方面的协调统一。

（一）幸福是主观与客观的统一

追求幸福的活动是在人们的意识驱使下进行的，如果我们的活动实现了目标，满足了我们的需求，我们就会产生幸福感，感到幸福。因而幸福由于每个人的需求不同、价值目标不同、所处的地位、个人能力的不同而有所差异，幸福必然带有主观色彩，但是幸福的基础是客观的，幸福的实现是以客观实践为条件的。幸福意识的产生不是虚幻的陶醉，而是基于真实的客观世界，通过不断的活动，把人们心目中美好的理想逐渐变为现实后的内心感受，那是人的本质力量的张扬，是对人的创造、人的价值、人的力量的赞美。因而，幸福又具有客观性。任何存在于客观世界之外、基于纯粹主观的幸福，都是抽象的幸福。在人类发展的进程中，由于人们的活动范围和实践能力不断增强，对自然环境的影响日益增大，人们的需求也不断拓展。新的需要的产生必然建立在一定的客观物质基础之上，受到物质世界的制约。但是，需求的满足必须充分发挥人们的主观能动性，需要人们的力量、热情和激情。

（二）幸福是物质与精神的统一

幸福必须有一定的物质基础，没有物质基础支撑是无法感受到幸福的。对基本物质需求的渴望和对物质享受的欲望是由动物的本能所决定的。但是人类作为高级动物，具有复杂的意识，如理想、感情、事业、修养等。幸福既不是简单的生理满足也不是纯粹的精神追求，而是二者的统一。无论是对一个民族还是一个国家而言，经济的发展非常重要，它是社会发展的重要基石。然而，不能忽视精神文化生活的巨大作用，精神文化的繁荣是一个国家文明进步的重要表现。所谓物质丰富而精神贫乏的“幸福”生活，实质上是空洞而苍白的，是很可悲的。只有将物质满足和精神需求二者相结合才会获得真正的幸福。只有将幸福提升到精神高度，人类才能真正体会到自身的价值。因此，我们必须认识到，只有丰富的物质基础是不能为人带来真正的幸福的，只有人充分发挥主观能动性，实现物质层面和精神层面的“双丰收”，才能实现真正的幸福。

（三）幸福是个人与社会的统一

个人是感受幸福的最基本因子，每个人的幸福是社会幸福的基础和根本。通常，人们讨论理解的幸福大多是个人层面的幸福。但是人的本质属性在于人的社会性。因此，对人的幸福的考量就不能仅仅局限于个人幸福，最终还要置之于社会之中。幸福不仅是个体的追求，更是社会发展的价值目标。个人幸福，是在特定的社会生产关系框架下实现的，与整个社会的物质基础、文明程度及制度建设密不可分。个人幸福与社会幸福二者相互渗透、相互制约。一方面，整个社会层面的幸福是个人幸福的前提和基础，为每个人实现幸福创造条件。另一方面，个人对幸福的追求，特别是个人对社会的奉献，共同构成整个社会的状态。个人追求幸福的最高层次就是为人类的发展做贡献，也就是为全人类的伟大事业而奋斗，个人在追求幸福的过程中将拥有巨大的能量，推动社会的进步。马克思在《青年在选择职业时的考虑》一文中写道：“如果我们选择了最能为人类福利而劳动的职业，那么重担就不能把我们压倒，因为它是为大家而献身；那么我们所感到的就不是可怜的、有限的、自私的乐趣，我们的幸福将属于千百万人，我们的事业将默默地，但是永恒发挥作用地存在下去，而面对我们的骨灰，高尚的人们将洒下热泪。”

（四）幸福是享受与劳动的统一

劳动作为人的生命活动形式，不仅为人类提供了生存和发展的物质前提，更重要的是人类通过劳动为自身生存创置更良好的条件，创造出了更多新的需求，不断更新着幸福的广度与深度。通过劳动，人们客观地完成了对整个外部世界的改造，同时也在改造着自身，使人更完全地占有人的本质，变得更自由、更全面，更加彰显出人的价值与力量。幸福不仅仅是物质和精神需求得到满足而获得的愉悦，更是获得这种愉悦感受的过程，即劳动本身。通过劳动得到成果的过程是幸福的，享受劳动成果的过程也是幸福的。享受不同于享乐，合理的享受生活是符合身心发展的，但是过度享受就变成了享乐主义。享受必须建立在劳动的基础之上，没有劳动的成果也就没有享受的条件，先劳动后享受，在劳动后不忘享受生活，在享受后不忘劳动的重要性。劳动的过程和人类历史的发展进程同样艰辛，然而幸福就是在突破层层困难中不断获得，付出的努力越大，幸福就越倍加珍贵。

三、幸福的深刻内涵

中国古代谈到人的幸福时，认为幸福就是享有“五福”，即长寿、富贵、康宁、好德、善终。希腊语“幸福”一词是 eudaimonia，英文对应词是 happiness，意指需求的满足。亚里士多德在肯定幸福在于“生活优裕和行为良好”的基础上，提出幸福还在于外在的善、身体的善和灵魂的善的统一。当代新西兰伦理学家克里斯丁·斯万顿等人认为：“美好生活的概念主要有三种：令人满足的生活；值得赞赏的（道德的）生活；既令人满足又值得赞赏的生活。”他们认为，第三种观点是自古以来为更多学者接受的观点。根据这种观点，把幸福理解为道德的生活或理解为令人满足的生活都是片面的，真正的幸福是在这两者之间达到了“平衡”的生活。

那么，幸福到底是什么？我们应当如何理解幸福呢？或者说，幸福的内涵是什么？就是人的自由而全面发展，这是马克思在继承人类优秀思想成果的基础上针对资本主义制度下人片面、畸形地生存提出的一种社会理想。自由而全面发展意味着人的潜能得到充分发挥，人的生存需要、发展需要（特别是精神需要）和享受需要得到最大满足。自由而全面发展的人能通过努力奋斗逐步使其人性闪耀善和美的光辉，人格完善而高尚，个性获得健康而丰富的发展，生活充满乐趣、创意和魅力。显然，人的自由而全面发展状态就是人的幸福状态，这是一种美好生活。

第二节　劳动是幸福实现的主要途径

幸福是人类永恒的追求，每个人都希望自己能过上幸福的生活。但是现实中，并不是每个人都能够获得幸福，因为幸福不会从天而降，需要靠劳动来创造。古往今来，中华民族的繁衍生息、文明演进，无不是劳动创造的结果。中华儿女用勤劳的手，谱写出一部可歌可泣的奋斗史。正是因为劳动创造，我们拥有了历史的辉煌；也正是因为劳动创造，我们取得了今天的成就。大学生在追求人生幸福时，更要树立正确的观念，牢记幸福不会从天而降，要靠劳动来创造。在这个伟大的时代，我们要以劳动的姿态去开创属于我们的光辉岁月，用双手的辛劳换来人生的幸福和满足。

一、劳动为幸福创造物质基础

“仓廪实而知礼节，食衣足而知荣辱”，劳动是财富的源泉，也是幸福的源泉，劳动为人的幸福生活提供物质基础。人作为有生命的有机体，需要外部世界提供源源不断的物质能量以维持生命的存续和发展，基本的生活条件得不到满足，精神和情感的需要就难以得到培育、滋养和满足，这样的生活是不可能幸福的。

（一）劳动是人获取物质资料的方式

劳动是人获取物质生产生活资料的方式。马克思认为：“人们为了能够‘创造历史’，必须能够生活。但是为了生活，首先就需要吃喝住穿以及其他一些东西。因此第一个历史活动就是生产满足这些需要的资料，即生产物质生活本身，而且这是这样的历史活动，一切历史的一种基本条件，人们单是为了能够生活就必须每日每时去完成它，现在和几千年前都是这样。”因此，充裕的物质生活条件是幸福的基础，而这些都需要靠劳动来创造。“劳动首先是人和自然之间的过程，是以人自身的活动来中介、调整和控制任何自然之间的物质变换的过程。”劳动是人的独特的活动，人只有在创造性的实践活动中才能不断地实现自我、幸福自我。

自由自觉的劳动创造幸福。劳动创造幸福，是幸福生活的唯一源泉，作为满足人类感性需要的手段，是通往幸福之路的唯一途径。但并不是所有的劳动都能够创造幸福。马克思认为，资本主义生产方式下的劳动普遍存在着异化现象，造成了对人类幸福生活的遮蔽，异化劳动无法创造幸福，反而会带来不幸福。马克思通过批判资本主义制度下的异化劳动，指出遭受资本家剥削的工人依靠工资生活，“最低的和唯一必要的工资额就是工人在劳动期间的生活费用，再加上使工人能够养家糊口并使工人种族不致死绝的费用”。依靠这种工资条件勉强生活的工人连温饱都难以解决，根本谈不上什么“幸福生活”。劳动者创造劳动产品，但是自己并不能享用和支配，在资本主义私有制的背景下受到了奴役、支配，在这样的环境和条件下进行劳动只会一味地否定自己，而不能肯定自己，当然也不会想着劳动会创造幸福，因为劳动本身可能就会感觉是不幸的。人只有在自由的环境下才能创造幸福，才能在劳动中体验幸福。同时，只有在自由自觉的劳动实践中，人才能真正享受到劳动的成果，获取物质生活资料，为幸福生活奠定物质基础。

（二）幸福生活靠劳动创造

劳动是获取财富和幸福的重要法宝。党的十八大以来，习近平总书记多次发表重要讲话，阐释劳动的重要性。“人民创造历史，劳动开创未来。劳动是推动人类社会进步的根本力量。幸福不会从天而降，梦想不会自动成真”“在实现中华民族伟大复兴的新征程上，必然会有艰巨繁重的任务，必然会有艰难险阻甚至惊涛骇浪，特别需要我们发扬艰苦奋斗精神”等。中华民族是勤劳勇敢的民族，自刀耕火种，开垦土地，中国北方形成连绵耕地，南方形成排排梯田，劳动的中国人精耕细作在良田沃土上种粮食、蔬菜、桑麻，于是代代中国人有粮吃有衣穿。正是代代中国人的辛苦劳作，才给我们中华民族代代人以舒适安逸的生活，才使得我们这个民族能不断繁衍，生生不息。中华人民共和国成立以来，中国人民辛勤劳动，在短时期内便创造了令世界瞩目的国民经济体系。改革开放至今，中国的农民、工人和科学家等，更是通过辛苦的劳动，把贫穷落后的中国一举变成了世界第二大经济体。中国制造，物美价廉，已经成为世界各国人民喜好的商品。在一代代人的辛勤劳动下，中国人创建了举目可见的中国桥、中国路、中国车、中国港和中国网，这些最终汇聚成为强大的民族复兴梦。反之，若中国人不好劳动，中国的复兴梦也许永远是一个美丽的肥皂泡。劳动是财富的源泉，也是幸福的源泉。人世间的美好梦想，只有通过诚实劳动才能实现；发展中的各种难题，只有通过诚实劳动才能破解；生命里的一切辉煌，只有通过诚实劳动才能铸就。

劳动开创美好明天。在中央扶贫开发工作会议上习近平总书记指出，要引导和支持所有有劳动能力的人，依靠自己的双手开创美好的明天。我们所处的时代是催人奋进的伟大时代，我们进行的事业是前无古人的伟大事业。全面建成小康社会，进而建成富强民主文明和谐美丽的社会主义现代化国家，根本上靠劳动，靠劳动者创造。伟大的事业召唤我们以更加拼搏的姿态去劳动、去创造，伟大的时代更在催促我们以劳动的姿态开创属于自己的光辉岁月。脚踏实地、心怀未来、通过努力劳动让一个个期望之花盛开，继而奋进向前，向未来更加美好的生活出发，创造下一个奇迹。只有踏踏实实的劳动，辛勤的劳动才能创造出满足自己生活的基本物质资料，为幸福生活奠定基础。

二、劳动为幸福提供精神条件

人生的幸福离不开一定的物质条件，物质需要的满足、物质生活的富足是人生幸福的一个重要方面，但人生的幸福不能仅仅局限于物质方面，精神世界的丰富、精神需要的满足也是人生幸福的重要因素。习近平总书记说，只有奋斗的人生才称得上幸福的人生。奋斗者是精神最为富足的人，也是最懂得幸福、最享受幸福的人。

（一）自由自觉的劳动体现人的本质

劳动体现着人的本质，人的本质是自由自觉的活动即劳动，这也是人与动物相区别的最根本的标志。“动物仅仅利用外部自然界，单纯地以自己的存在来使自然界改变；而人则通过他所做出的改变来使自然界为自己的目的服务，来支配自然界。这便是人同其他动物的最后的本质的区别，而造成这一区别的还是劳动”。劳动作为一种生命活动，其“本身对人来说不过是满足一种需要——维持肉体生存的需要的一种手段，而生产生活就是类生活，这是产生生命的生活。一个种的整体特征，种的类特性就在于生命活动的性质，而自由的有意识的活动恰恰就是人的类特性。生活本身仅仅表现为生活的手段。”。马克思通过对资本主义制度的批判，指出资本主义社会中的异化劳动仅仅是人获得生存必需的物质资料的手段，自由自觉的创造性活动才是能够体现人的本质力量的劳动，才是能够促进人的全面发展，满足人的精神需要，体现和完善个性的劳动。

自由自觉的劳动才能让人收获幸福感和成就感。马克思在《1844 年经济学哲学手稿》中虽然没对人的需要问题进行专门研究，但他实际上揭示了人的需要的两重性即物质需要与精神需要。人的需要的多样性对应的是本质的丰富性。人的本质是丰富的、全面的，而不是抽象的、片面的，幸福生活的特征之一就是“人全面占有自己的本质”。在资本主义异化劳动下，“劳动者在自己的劳动中不是肯定自己，而是否定自己；并不感到幸福，而是感到不幸；并不自由地发挥自己的肉体力量和精神力量，而是使自己的肉体受到损伤，精神遭到摧残，因此，劳动者是在劳动之外才感到自由自在，而在劳动之内则感到怅然若失。劳动者在他不劳动时如释重负，而在他劳动时则如坐针毡”。因此，在私有制的条件下，劳动者不能自由自觉的劳动，却成为一种生产工具，被迫机械的进行生产劳动。在这种情况下，劳动者只有远离了劳动才会感到“幸福”。因此，“真正自由的劳动就必然是摆脱了劳动的异化形态，跳脱了劳动的实践束缚，甚至不再以劳动的现象形态存在……在劳动中，人的独立性和自主性得到充分的展示和显现，劳动成为自己个性的存在形态”。只有在劳动实践中，人才能真正享受到劳动的成果，实现自身全面的发展，将劳动从负担变成一种快乐，自由自主的劳动将会是对个体生命本质的最高价值确证，也是幸福获得的最重要的方式和源泉。

（二）劳动过程就是一种幸福体验

劳动本身就是一种幸福。2018 年，习近平总书记在新春团拜会上说，“新时代是奋斗者的时代”“奋斗本身就是一种幸福。只有奋斗的人生才称得上幸福的人生”“奋斗者是精神最为富足的人，也是最懂得幸福、最享受幸福的人”。奋斗的过程是艰辛的，会面对很多困难和挫折，但没有经历过艰苦过程的奋斗不是真正的奋斗，我们可以在奋斗的过程中学会成长、学会反思、磨砺意志、坚定信念，经历过奋斗才能树立起正确的世界观、人生观和价值观。幸福都是奋斗出来的，奋斗者在成长的经历中享受幸福，在每次奋斗结束后收获果实，经历过奋斗的过程才能更加感受到精神的满足和充实。奋斗本身就是一种幸福。奋斗者是精神最富足的人。一个只为自己奋斗的人是孤独的，也是不健康价值观的体现，只有为大多数人带来幸福，为共同目标一起奋斗的人才是高尚的。中国特色社会主义进入新时代的关键时期，这是无数先辈楷模和在一线的平凡劳动者们一起奋斗出来的，是为了实现共产主义这个共同目标而奋斗出来的，正是因为中国劳动人民共同奋斗才迎来了祖国的繁荣昌盛，取得了社会主义现代化建设的伟大成绩，进入了社会主义新时代的伟大阶段。新时代更是奋斗者的时代。只有在岗位中兢兢业业、踏实苦干的人才能取得辉煌的业绩，才能享受到幸福的果实，只要我们干好本职工作，脚踏实地地去奋斗，未来一定更加美好。

劳动使幸福感更持久。西方思想家休谟认为，“正是劳动本身构成了你追求的幸福的主要因素，任何不是靠辛勤努力而获得的享受，很快就会变得枯燥无聊，索然无味”。幸福的真谛在于奋斗。奋斗者通过自己努力获得幸福，这样得到的幸福是充实的、长久的，会让奋斗者得到精神上的满足。而通过物质和感官得到的幸福是短暂的、易流失的。通过奋斗得到的幸福是个人情感追求的升华，是实现人生价值的途径。西方哲学家思想家拉·乔乃尼奥里认为，“劳动是产生一切力量、一切道德和一切幸福的威力无比的源泉”。在劳动中体验幸福，在劳动中享受幸福。一个热爱劳动，喜欢劳动的人，总是一个快乐的人，一个幸福的人。因为没有比用双手去创造生活更让人感到欣慰、快乐的事。也许暂时的成绩还不够好，不太令人满意。不要紧，不要畏惧，成功从来都不是一蹴而就的，是由点滴集聚而来。你的每一步前行，每一份付出都会算数，都会在适当的时候给你予以回报。安逸、不劳而获的生活固然会让你暂时少吃苦，但不会长久。它不会让你品尝到幸福的滋味，感受到人生的意义，更可怕的是会让你逐渐失去前行的勇气，拼搏的动力。李大钊说：“我觉得人生求乐的方法，最好莫过于尊重劳动。一切乐境，都可由劳动得来，一切苦境，都可由劳动解脱。”苦难是人生的财富，但人生不全是苦难，减少苦难最好的方法就是持续不断地劳动。一个人的一生总有一段时间是苦的日子，一段时间是甜的世界。苦尽甘来的时候，就是幸福日子的到来，一定要珍惜。一个人唯有坚持劳动，依靠劳动改造自我，他的人生才会变得更踏实，更丰盈，更快乐，更有幸福感。

三、劳动为社会创造更多价值

社会的一切发展和进步最终都要靠劳动来实现，劳动为社会创造更多价值。习近平总书记指出，一切伟大成就都是接续奋斗的结果，一切伟大事业都需要在继往开来中推进。

（一）劳动是实现中国梦的途径

党的十九大报告清晰擘画全面建成社会主义现代化强国的时间表、路线图。在 2020 年全面建成小康社会、实现第一个百年奋斗目标的基础上，再奋斗 15 年，在 2035 年基本实现社会主义现代化。从 2035 年到本世纪中叶，在基本实现现代化的基础上，再奋斗 15 年，把我国建成富强民主文明和谐美丽的社会主义现代化强国。人民创造历史，劳动创造未来，新时代是干出来的，中国梦是劳动铸就的。民族复兴不是敲锣打鼓就能实现的，只有通过诚实劳动才能实现美好梦想。我们的国家，我们的民族，从积贫积弱一步一步走到今天的繁荣富强，靠的就是一代又一代人的顽强拼搏，靠的就是中华民族自强不息的奋斗精神。在实现中华民族伟大复兴的新征程上，必然会有艰巨繁重的任务，必然会有艰难险阻甚至惊涛骇浪，特别需要我们发扬艰苦奋斗精神。

伟大梦想不是等得来、喊得来的，而是拼出来、干出来的。幸福和梦想不会从天而降，都需要付出努力。坚持付出劳动和收获幸福的统一，在现实生活中努力奋斗才能得到现实的幸福。用劳动创造托起自己的梦，托起中国的梦，将圆梦的目标转化为实实在在的行动，转化成一锤一钉的劳作、一砖一瓦的建设，为明天，为梦想，汇聚起实干兴邦的正能量。奋斗不只是响亮的口号，而是要在做好每一件小事、完成每一项任务、履行每一项职责中见精神。奋斗的道路不会一帆风顺，往往荆棘丛生、充满坎坷。强者，总是从挫折中不断奋起、永不气馁。我们所处的时代是催人奋进的伟大时代，我们进行的事业是前无古人的伟大事业，我们正在从事的中国特色社会主义事业是全体人民的共同事业。全面建成小康社会，进而建成富强民主文明和谐美丽的社会主义现代化国家，根本上靠劳动、靠劳动者创造。建成社会主义现代化强国，实现中华民族伟大复兴，是一场接力跑，我们要一棒接着一棒跑下去，每一代人都要为下一代人跑出一个好成绩。

（二）劳动创造为人民谋幸福

马克思说：“历史上把那些为共同目标工作因而自己变得高尚的人称为最伟大的人物；经常赞美那些为大多数人带来幸福的人是最幸福的人”。人生最大的幸福，就是能与大多数人共同享受欢乐，为整个社会整个人类谋求幸福才能是真正的幸福。全国劳动模范、“共和国勋章”获得者、山西省平顺县西沟村党总支原副书记申纪兰，是唯一连任 13 届的全国人大代表，见证了中国人大制度的完善。从 1973 年到 1983 年，申纪兰当了 10 年省妇联主任。担任省妇联主任之后，申纪兰向组织提出了“六不”约定——不转户口，不定级别，不领工资，不要住房，不调工作关系，不脱离农村。所以当了 10 年厅级干部后，她仍每月只领取 50 元的补贴，没给自己和子女办过任何私事。从省妇联主任卸任后，申纪兰回到了西沟村，开始为西沟“找项目”，申纪兰说，“不是西沟离不开我，是我离不开西沟，离不开劳动。我的根在农村，我只是一名农民”。2019 年 9 月 17 日，国家主席习近平签署主席令，授予申纪兰“共和国勋章”。她说：“党和人民给了我这么高的荣誉，我自己做得太少了，我自己非常感动，也很激动，我虽然年龄大了，但还能做一些事情，党需要我，我就要一直干下去，听党话、跟党走，是我一辈子的承诺。”申纪兰在为他人、为社会做贡献中获得人生的幸福，提升了人生幸福的层次和境界，使自己从个人一般意义上的幸福升华到为人民谋幸福而努力的高层次的幸福。

青少年应树立崇高社会理想，为人民谋幸福。在党的十九大报告中习近平总书记明确指出：“青年一代有理想、有本领、有担当，国家就有前途，民族就有希望。”实现中华民族的伟大复兴，广大青年生逢其时，也重任在肩。国家的发展离不开青年的劳动，同时，青年只有在勤奋的劳动中才能彰显青春魅力，实现人生价值，收获人生幸福。雷锋曾在日记中写道：“我觉得人生在世，只有勤劳、发奋图强，用自己的双手创造财富，为人类的解放事业——共产主义贡献自己的一切，这才是最幸福的。”青少年要学习新知识，掌握新技能，更好地投身于全面建成小康社会的时代潮流，为社会贡献自己的智慧和力量，在劳动创造中收获人生的幸福和价值，为实现中华民族伟大复兴的中国梦努力奋斗。

第三节　勤劳是走向成功的根本路径

天才出自勤奋。牛顿、爱迪生是公认的天才。牛顿说：“天才就是长期劳动的结果。”爱迪生说：“天才就是百分之一的灵感加上百分之九十九的勤奋。”鲁迅也曾说过：“哪里有天才，我是把别人喝咖啡的功夫都用在工作上的。”

大学生应学会懂得生活靠劳动创造，美好人生也靠劳动创造，从而奠定人生健康成长的基石，实现人生价值，让劳动成为青春奋进的动力。

一、勤劳是中华民族的优秀传统

“夙兴夜寐，洒扫庭内”，热爱劳动是中华民族的优秀传统，绵延至今。劳动，让我们拥有辉煌的历史，劳动让我们取得今天的成就，劳动让我们奋斗的步履更加自信从容。“劳动最光荣”一向被人们奉若不可亵渎的信条。中华文明发源于农耕社会，长久以来，百姓只有依靠在土地上的辛勤劳动，才能改善生存环境和生活水平。这决定了在中国文化的思维方式中，十分看重如同耕种一般的汗水付出与结果收获，十分强调由农耕文明演化而出的踏实勤勉、苦尽甘来的精神理念。所以我们常能在名著典籍、家规家训、民间俗语中看到各种劝诫人们要勤勉的表达，如“一分耕耘，一分收获”“业精于勤，荒于嬉”“民生在勤，勤则不匮”等等。

勤劳是中华民族几千年贯彻始终的道德倡导。从古至今，“天道酬勤”这四个字有如黑夜中的灯塔，给予人们勤奋努力的希望和信念。西汉时期，董仲舒专心攻读，孜孜不倦。他的书房后虽然有一个花园，但他专心致志读书学习，三年时间没有进园观赏一眼，董仲舒如此专心致志地钻研学问，使他成为西汉著名的思想家。唐代诗人王维在《春中田园作》中写道“屋上春鸠鸣，村边杏花白。持斧伐远扬，荷锄觇泉脉。……”这首诗的前四句展现出了古代人们愉快劳动的情境和勇于探索的精神。可见，劳动不仅可以磨炼人的意志，还可以培养人团结互助的精神。自强不息是古代劳动人民战胜困难的智慧法宝。古代物质资源匮乏、自然条件恶劣，勤劳的中华儿女自强不息，积极探索。到了宋明时期，科技、手工业都变得发达。宋朝时期的天文仪等多种精密仪器，明朝时期郑和七次下西洋的壮举，代表了那个时期科技、造船业的世界先进水平。中国古代劳动人民智慧的结晶反应在各个领域：雄伟壮观的长城、巧夺天工的都江堰、贯通南北的大运河以及素纱禅衣、榫卯结构、记里鼓车等，无一不是凝聚劳动者勤劳智慧的伟大成果，尽责、乐业、精益求精的工匠精神使这些瑰宝成为历史的烙印和中华儿女精神的内核。革命战争年代，在反动派残酷统治的政治环境和极其艰苦的生活环境中，许多先进分子加入中国共产党、参加革命队伍，就已经做好了吃苦的准备。那时，我们党可以调动的资源十分有限，从高级干部到普通党员，都过着十分艰苦的生活。但是，大家不怕艰难困苦，不怕流血牺牲，为着崇高的革命理想而奋斗。正是革命前辈们的这种不怕苦、不怕死的英雄气节和革命精神，使中国革命取得了伟大胜利，结束了中华民族近代以来长达一个世纪的民族屈辱和悲惨历程，成立了中华人民共和国。

水滴石穿、绳锯木断。岁月的沉淀会给勤奋者以奖励，时间的磨砺会给平凡人以不凡。千百年来，中国人民延续了自强不息、勤劳奋斗的精神品质，中国大地上到处可见到“勤劳”的印记。巍然屹立的长城，历经千年风雨，蜿蜒万里于崇山峻岭之中，其中的每一砖、每一石，都有汗水的累积；曾经波光潋滟的大运河，融汇海河、黄河、淮河、长江、钱塘江五大水系，纵横数千里，其中的每一寸、每一尺，都是勤劳智慧的中华儿女用双手绘就的历史画卷。

二、勤劳是民族复兴的时代要求

勤劳是中华民族最传统的美德，更是当下需要发扬光大的时代精神。新时代是奋斗者的时代，是大有可为的时代。习近平总书记在 2020 年春节团拜会上说：“时间不等人！历史不等人！时间属于奋进者！历史属于奋进者！为了实现中华民族伟大复兴的中国梦，我们必须同时间赛跑、同历史并进。”我们要勇于在艰苦奋斗中净化灵魂、磨砺意志、坚定信念。

勤劳是实现中华民族伟大复兴的基础。人世间的美好梦想，只有通过诚实劳动才能实现；发展中的各种难题，只有通过诚实劳动才能破解；生命里的一切辉煌，只有通过诚实劳动才能铸就。“宝剑锋从磨砺出，梅花香自苦寒来。”人类的美好理想，都不可能唾手可得，都离不开筚路蓝缕、手胼足胝的艰苦奋斗。我们的国家，我们的民族，从积贫积弱一步一步走到今天的发展繁荣，靠的就是一代又一代人的顽强拼搏，靠的就是中华民族自强不息的奋斗精神。事物的发展是光明的，但是道路是曲折的，就像我国的发展前景是充满希望和光明的，但是在路上会遇到困难和挫折，不可能一帆风顺。我们的梦想不会自动成真，我们的目标不会立即实现，只有我们努力实干、埋头苦干才能克服困难，才会梦想成真。

勤劳是战胜时代挑战的动力。2020 年的新冠疫情来势汹汹，挑战前所未有。面对这场保卫人民群众身体健康和生命安全的严峻斗争，以习近平同志为核心的党中央团结带领全党全军全国各族人民万众一心、迎难而上、众志成城，坚决打响疫情防控的人民战争、总体战、阻击战。“沧海横流，方显英雄本色。”在抗击疫情的严峻斗争中，无数劳动者挺身而出、无私奉献，从冲锋在前、顽强拼搏的广大党员干部，到白衣执甲、逆行出征的医务工作者，从闻令而动、敢打硬仗的人民子弟兵，到夜以继日、协同攻关的科技工作者，从不惧风雨、坚守一线的广大社区工作者、公安干警、基层干部、新闻工作者、志愿者，到加班加点、不辞劳苦的快递小哥、环卫工人、抗疫物资运输司机，各行各业、方方面面的奋斗者、建设者、创造者在各自岗位上守土有责、守土担责、守土尽责，共同推动全国疫情防控阻击战取得重大战略成果，推动经济社会秩序加快恢复，展现了不畏艰险的英雄本色，书写下可歌可泣的时代篇章。

青少年要顺应时代要求砥砺奋进。涓涓细流汇成大海，无数双手挽作长城。中华民族历史上经历过很多磨难，但从来没有被压垮过，而是愈挫愈勇，不断在磨难中成长、从磨难中奋起。无论有什么样的风险挑战，都无法阻挡我们奋勇前进的步伐。“一勤天下无难事”，青少年要勇于攻坚克难、积极担当作为，用汗水浇灌收获、以实干笃定前行，以实际行动践行时代精神，传递劳动最光荣、劳动最崇高、劳动最伟大、劳动最美丽的价值理念，激发出砥砺奋进的精神力量。要以劳动模范为榜样，爱岗敬业、勤奋工作，艰苦奋斗、甘于奉献，唱响新时代奋斗者之歌，汇聚起改革发展的强大正能量。

三、做新时代的奋斗者

青年时期是人生的黄金时期。新时代的大学生置身于实现中华民族伟大复兴的时代洪流之中，应当将努力奋斗贯穿于实践中、体现在行动上。在党的十九大报告中，习近平总书记更是明确指出：“青年一代有理想、有本领、有担当，国家就有前途，民族就有希望。”实现中华民族的伟大复兴，“广大青年生逢其时，也重任在肩。”国家的发展离不开青年的劳动，同时，青年只有在勤奋的劳动中才能彰显青春魅力，实现人生价值。

（一）树立劳动幸福的自觉意识

“民生在勤，勤则不匮”，劳动是财富的源泉，也是幸福的源泉。世界上没有一种美好生活，可以不经过辛勤劳动而获得，瑰丽的希望，如果没有苦干实干，也只会变为镜中花，水中月。当代大学生要在理解马克思主义劳动观的基础上，牢固树立劳动最光荣、劳动最崇高、劳动最伟大、劳动最美丽的观念，树立新时期正确劳动观念；体会劳动创造美好生活，劳动不分贵贱，热爱劳动，尊重普通劳动者，培养勤俭、奋斗、创新、奉献的劳动精神；

具备满足生存发展需要的基本劳动能力，形成良好的劳动习惯。

树立新时期新劳动观念。新时期青年的劳动观要有新理解。人工智能、大数据、物联网等技术，改变了世界的生产和生活形式，劳动的对象变了，劳动的工具、方式、技术也变了。新时代将有更多的知识型劳动者，他们的劳动需要新知识，需要运用智能化工具开展劳动，而不再是体力劳动的翻版。劳动训练、实践和技能也表现出相应的新形式，促使人们形成劳动新观念。人们要适应劳动新方法和职业新生态，创造“新的”劳动教育。

当代大学生要通过主动的学习、训练，来获得某种职业或生产劳动所需要的专业知识、专门技能和基本职业道德素养，为未来的劳动做准备，同时也在“职业劳动”的实践训练过程中成长。“工学结合、顶岗实习”是高职劳动教育的基本形式，“校企合作”是高职劳动教育的实践载体，“现代学徒制”是高职劳动教育实践的有效途径，“做中学”是高职劳动教育习惯养成和心理意识积淀的过程化培育。高职教育的特性，决定了高职劳动教育必须具有“高”要求——高素质和高技能。劳动的性质不分等级，但技能有高低，高等职业院校的劳动教育就是要培养大国工匠、能工巧匠，培养一大批技能大师服务新基建、打造新动能。

培养勤俭、奋斗、创新、奉献的劳动精神。在历史唯物主义看来，物质生产是人类社会存在和发展的基础，生产方式是社会发展的决定力量。人类社会发展的历史，首先是生产发展的历史，是生产方式从低级向高级发展和更替的历史，这就为确立人民群众创造历史的原理奠定了坚实的基础。普通劳动者正是人民群众的主体。轻视普通劳动者，实际上就是否定人民群众的历史主体作用。此外，现实生活中还有少数人喜好奢靡浪费之风、贪图“不劳而获”，不愿付出却要占有和索取，这样的劳动观念是有害无益的。事实证明，只有依靠自己的诚实劳动，只有坚持不懈地勤奋努力，才能心安理得地获取自己应得的果实。只有这样，才是真正地尊重劳动。同时，面对日新月异的科技进步，面对繁重复杂的发展任务，新时代的劳动者不仅要爱劳动、会劳动，而且要懂技术、会创新，有创造性精神和创造性劳动能力，在实现中华民族伟大复兴的征途上，无私奉献，奋勇前行。当代大学生要在革命传统、爱国奉献教育中，形成好思想、好品行、好习惯，乐于付出、甘于奉献。

叶圣陶说过，“教育就是培养习惯，良好的习惯可以陪伴我们终生”。培根也说过，“习惯是人生的主宰”。习惯一旦形成，便成为一种半自动化的潜意识行为，对人生、事业、生活起着永久性的作用。良好的习惯就像是人存放在自身的“道德资本”，而人在一生中都会享受着它的“利息”。人类想要适应社会就需要具备应有的生存能力和对自我进行意志的磨炼，以迎接人生可能要经历的风浪，而生存能力的增强和意志的磨炼离不开良好行为习惯的养成，良好的行为习惯的养成又离不开日常生活一点一滴劳动锻炼的积累。爱因斯坦说过："如果人们已经忘记了他们在学校里所学的一切，那么所剩下的就是教育，让我们想一想，什么是一个人忘不掉的呢？显然，习惯是忘不掉的，因为习惯是一种相对稳定的、自动化了的行为"。良好的劳动习惯理应成为忘不掉的良好的素质之一。21世纪人才的竞争加大了对人生存能力的磨砺，现代化的生产劳动、先进科学技术的使用，更需要体力与脑力的相结合、需要有高层次文化素质和劳动技能二者皆能的劳动者。当代大学生要形成正确的劳动观点、积极乐观的劳动态度、完善的劳动技能和自觉的劳动习惯，热爱劳动、尊重劳动人民，走与工农相结合、与实践相结合的成才之路，勤奋好学、勇于创新、努力掌握现代科学知识与劳动技能，自觉遵守与维护劳动章程，做一个具备良好劳动品质、健康劳动心理、娴熟劳动技能的人。

（二）克服"好逸恶劳"的不良习惯

在信息全球化传播的时代，人们的价值观呈现多元化的发展趋势，加上受市场经济的冲击，消费主义和享乐主义被社会上部分人所推崇，这些现象的出现影响了人们对人生价值正确实现的认识。有的人满足于小富即安，小进则满，不思进取，自我陶醉，变得庸庸碌碌，得过且过；有的人躺在父辈打下的基业上面，坐享其成，单纯地享受父辈们创造的财富，挥霍无度；有的人什么事都不干，守着产业收房租……参与社会劳动对他们来讲不是人生中应该有的活动，及时享乐才是最为重要的。还有的女性同志认为"干得好，不如嫁得好"，将自己人生的价值与幸福寄托在别人身上。殊不知人生真正的价值、幸福与快乐都来自劳动。只有通过劳动，才会实现真正的人生价值，才会获得持久的快乐，永恒的幸福。与此同时，受家庭、学校、社会等环境的影响，当前不少大学生劳动观念淡薄，劳动态度消极，缺乏劳动意识，在选择职业时眼高手低，不愿意参与基层劳动等，这些现象的出现根源还在于人们头脑中存在贪图享乐，轻视、鄙视劳动的不正确的思想观念。他们在过度享受就是幸福的理念中，淡化了曾经有过的理想和追求；熄灭了他们曾经有过的道德和良知；丧失了他们奋斗的动力和热情。人生价值的实现离不开劳动，生命辉煌的铸就离不开劳动。三百六十行，行行出状元。任何一种劳动都是价值创造的过程，劳动只有劳动形式之分，没有高低贵贱之别。

高等职业院校学生大多处于十七八岁至二十一二岁的成长阶段，这一阶段正是人生观、世界观、价值观形成的重要时期。紧张的学习使大家缺乏实践知识、劳动锻炼及挫折教育，这就需要坚持和加强大学生劳动意识培养，帮助他们充分认识和克服自身不足，促进他们健康成长，最终成才。中华民族要屹立于世界民族之林，青少年必须继承和发扬热爱劳动的传统美德。树立正确的劳动观，在劳动中教育自我、改变自我、重塑自我，形成吃苦耐劳、不怕劳动、乐于劳动的优秀品格。

习近平总书记指出："全社会都要贯彻尊重劳动、尊重知识、尊重人才、尊重创造的重大方针，全社会都要以辛勤劳动为荣、以好逸恶劳为耻，任何时候任何人都不能看不起普通劳动者，都不能贪图不劳而获的生活。"这非常明确地表明，当代青年要"以好逸恶劳为耻""不能看不起普通劳动者""不能贪图不劳而获的生活"。古语云："生于忧患，死于安乐"。好逸恶劳就是追求安乐，贪图享受，不愿意奉献和劳动付出，因此实际上是对人的生命的自我断送。好逸恶劳者对劳动没有正确的态度，看不到劳动与人的类本质之间的必然联系，看不到"不劳动"对人的本质的异化。当代大学生必须增强劳动意识，树立正确的劳动观。

（三）向劳动模范学习

劳动模范是劳动群众的杰出代表，是最美的劳动者。劳动模范身上体现的"爱岗敬业、争创一流、艰苦奋斗、勇于创新，淡泊名利、甘于奉献"的劳模精神，是伟大时代精神的生动体现。我们要向劳动模范学习、向他们致敬。学习劳动模范的精神品格和先进事迹，有利于提升全体社会成员热爱劳动的思想意识，有利于劳动技能、创新方法、管理经验的广泛传播和应用。中国特色社会主义事业大厦是靠一砖一瓦砌成的，人民的幸福是靠一点一滴创造得来的。劳动模范和先进工作者是坚持中国道路、弘扬中国精神、凝聚中国力量的楷模，劳动模范以高度的主人翁责任感、卓越的劳动创造、忘我的拼搏奉献，为全国各族人民树立了学习的榜样。"爱岗敬业、争创一流，艰苦奋斗、勇于创新，淡泊名利、甘于奉献"的劳模精神，生动诠释了社会主义核心价值观，是我们的宝贵精神财富和强大精神力量。大学生要向劳动模范学习，勤于学习，学文化、学科学、学技能、学各方面知识，不断提高综合素质，练就过硬本领，传播正能量。

改革开放以来，各个地区、各行各业、各类人群都涌现出一批具有先进事迹和精神品格的劳动模范。人类是劳动创造的，社会是劳动创造的。广大劳动群众要立足本职岗位诚实劳动，无论从事什么劳动，都要干一行、爱一行、钻一行。在工厂车间，就要弘扬"工匠精神"，精心打磨每一个零部件，生产优质的产品。在田间地头，就要精心耕作，努力赢得丰收。在商场店铺，就要笑迎天下客，童叟无欺，提供优质的服务。只要踏实劳动、勤勉劳动，在平凡岗位上也能干出不平凡的业绩。

梦想属于每一个人，当代大学生要敢想敢干、敢于追梦。实现中华民族伟大复兴的中国梦，要靠各行各业人们的辛勤劳动，更要靠当代的青年人。当今时代，机遇常在，只要有志气有闯劲，普通劳动者也可以在宽广舞台上展示自己的人生价值，许多劳动模范平凡而感人的事迹，都充分说明了这一点。大学生要向劳动模范学习，学习他们的劳动精神，努力通过诚实劳动来实现人生的梦想、改变自己的命运，反对一切不劳而获、投机取巧、贪图享乐的思想。

劳动是人类的本质活动，劳动光荣、创造伟大是对人类文明进步规律的重要诠释。正是因为劳动创造，我们拥有了历史的辉煌；也正是因为劳动创造，我们拥有了今天的成就。我们要在全社会大力弘扬劳模精神、劳动精神，引导广大人民群众树立辛勤劳动、诚实劳动、创造性劳动的理念，让劳动光荣、创造伟大成为铿锵的时代强音，让劳动最光荣、劳动最崇高、劳动最伟大、劳动最美丽蔚然成风。在我们社会主义国家，一切劳动，无论是体力劳动还是脑力劳动，都值得尊重和鼓励；一切创造，无论是个人创造还是集体创造，也都值得尊重和鼓励。

辛勤劳动作为中华民族的传统美德，一直贯穿于中华民族文化发展的始终，学习借鉴传统劳动观所蕴含的思想精华，对于大学生劳动观的正确树立以及劳动教育的发展有着积极的促进作用。当代青年应该注重培养尊重劳动的基本品格，以实际行动尊重劳动，努力为人类解放而奋斗，树立正确的劳动竞争观念，自觉地反对各种好逸恶劳、贬低普通劳动者、过度的消费主义和追求不劳而获等现象。幸福不是免费午餐，幸福不会从天而降。劳动，不仅为实现幸福提供物质条件，而且劳动的过程本身就是一种幸福体验；劳动不仅能为个人创造美好生活，也能给社会创造更多价值。身处新时代，让我们积极践行正确的劳动观，浇灌幸福之花，实现自己的时代担当。习近平总书记在北京大学师生座谈会上的讲话指出，“要勤学，下得苦功夫，求得真学问。知识是树立核心价值观的重要基础。人生只有一次，应该好好珍惜。为学之要贵在勤奋、贵在钻研、贵在有恒”。在如今这个充满了机遇和挑战的时代，我们要以更加拼搏的姿态去劳动、去创造。我们要学习新知识，掌握新技能，更好地投身于全面建成小康社会的时代潮，去实现中华民族伟大复兴的中国梦。

第四节　守法依规是安全劳动的重要保障

安全是永恒不变的话题。安全生产是我们党和国家在生产建设中一贯坚持的指导思想，是我国的一项重要政策，是社会主义精神文明建设的主要内容。保护劳动者的安全健康，使之有健康的身体、充沛的精神投入工作之中，是保障社会主义建设有序开展的基础保障。作为未来的劳动者，我们一方面要养成良好的劳动习惯，从实习实训开始严格按照规章制度和技术操作规范工作，另一方面要了解劳动相关法律法规，认真履行劳动义务，在遇到不公正时，学会寻求工会组织援助，运用相关法律法规维护自身权益。

一、注意劳动实习安全

职业院校学生实习是教育教学的基本环节和核心部分，强化实习的教学功能，是培养和增强学生的社会责任感、创新精神和实践能力，提高技术技能人才培养质量的内在要求。职业院校学生实习是学生由职业院校安排或者经职业院校批准自行到企、事业等单位进行专业技能培养的实践性教育教学活动，也是劳动教育的重要载体。学生在企事业单位（包括校外实训基地）进行的顶岗实习环节存在以下安全隐患：学生角色转换不到位，认为自己还是学生，接受安全训性教育的主动性不够，导致其安全知识、安全技能严重不足；学生离开校园、进入社会，思想较单纯，安全防范意识不强，警惕性不高；顶岗实习时间长，实习单位多，不利于学校监管；实习单位条件、管理水平差异大。例如，有的实习单位无法给学生提供食宿，更有甚者连劳保用品也不配备；有的实习单位对学生的岗前三级安全培训教育不到位，没有完全按正式员工进行管理；学校与实习单位沟通协调平台和机制的建立不全面或不到位，存在管理盲区。由此可见，顶岗实习环节安全相关因素的不可控性，是易出现安全隐患和发生安全事故的主要原因。

学生做好实习期间的安全事故预防是非常重要的，这与学生自己生命和财产安全息息相关，其最基本的防范措施如下。

1. 加强安全培训和学习。不管是勤工俭学还是参加顶岗实习，在上岗之前接受有关职业道德、劳动纪律、劳动防护和生产安全的教育培训是必要的，学生一定要认真学，在思想上引起重视。如学习安全手册、生产安全知识，进车间必须穿戴好防护用品，长发必须卷入安全帽，不准穿高跟鞋和裙子上工地，不准穿背心短裤拖鞋上岗等。

劳动防护用品

2. 严格遵守规章制度和技术操作规则。在顶岗实习工作过程中，要遵从学校老师和实习单位老师的指导，尤其认真学习勤工俭学单位和用人单位的各项规章制度和技术操作规程，特别是从事专业性强、有一定危险性的工作，如建筑施工、化学检验、机械加工与维护、医疗卫生等，学生必须严格执行职业安全规范，绝不掉以轻心，忘乎所以。

3. 合理进行实习的安排。在生产性顶岗实习时，首先，从减少影响安全的因素出发，做好男、女生实习分组工作，尽量避免女生单独一组，宜将男女混合编组，有利于相互帮助，相互监管和督促，从而减少事故的发生，其次，将责任心强、工作态度端正、技术相对熟练的同学选为组长，并规定组长职责。

4. 严格熟记生产过程中的注意事项：（1）对于生产类企业，要知晓其特殊的危险的区域、地点、物品；对于建筑施工场所，要注意基坑、钢筋堆场、建筑设备和高空坠物等。（2）对于生产类企业，严格遵照操作规程使用生产工具，不擅自触摸带电的危险设备和设施，未经允许不得动用他人的设备和工具，防止发生机械伤害类生产性安全事故。（3）工作期间，现场行走时要随时注意房顶管道、墙壁钉子、地面阴沟与地槽管网等。不准随便动用现场的阀门及按钮，防止发生意外安全事故；（4）严禁在工作场地嬉戏打闹，相互追逐，高声喧哗，防止发生摔伤。在顶岗实习过程中，如果发现异常情况和发生安全事故，应及时向顶岗实习指导老师和车间师傅报告，在不了解处理程序和不懂处理办法的情况下，不得擅自处理，避免造成二次伤害。

拓展阅读

实习期间受伤害，三方担责

杨某是某高等职业院校汽车维修专业的学生。毕业前夕，他被学校安排到一家汽车销售公司实习，其日常工作就是在师傅的带领下对客户的汽车进行保养和维修。某一天，杨某独自维修一辆汽车时，让该车司机配合进行挂挡、摘挡操作。在操作过程中，车突然向前滑行，杨某躲闪不及，被车撞伤，医院诊断为左股骨粉碎性骨折和软组织损伤。杨某的家人与学校、汽车销售公司、肇事车司机进行协商，没有达成一个满意的结果，于是将三方起诉到法院，要求赔付杨某因伤产生的费用。学校认为，杨某是在汽车销售公司实习期间受伤，与学校没有关系，况且学校在实习前已经安排了安全教育课，履行了教育义务，学校不需负担任何法律责任。汽车销售公司认为杨某只是在公司实习，而不是为公司工作，在没有师傅带的情况下维修汽车，违反了公司规定，公司不追究杨某的责任已经很仁慈了，不应该再承担任何费用。肇事车司机认为，车辆维修环境不符合安全规范，地沟和升降台存在的安全隐患才导致了事故的发生，应由汽车销售公司承担赔偿责任。最终，法院判定学校、实习单位和肇事车司机依法各承担20%、60%和20%的责任。

案例点评：汽车销售公司有过错。实习是学生从学校走向社会中一个不可或缺的环节，是直接参与到企业运营过程中的生产实习。在生产实习过程中，实习单位对实习学生负有监督管理和教育的责任。因此，杨某的生产实习，应由汽车销售公司对杨某负监督管理和教育的主要职责。该公司除了积极防范企业运营过程中可能出现的危险外，还应对实习人员履行教育、管理责任。因为该公司存在管理漏洞，才导致了这场事故的发生，所以应承担60%的主要责任。

学校有过错。杨某是学生，实习是学校专业课程的延伸，学校仍应尽到对学生的管理教育义务。法院认定学校在该起事故中过错较小，酌定其承担20%责任。

肇事车司机有过错。汽车虽然是在维修，但作为司机，操纵汽车时应该高度集中精力。肇事车司机由于未尽到谨慎、注意的义务，承担20%责任。

根据教育部、财政部等联合印发的《职业院校学生实习管理规定》，职业院校应当会同实习单位制定学生实习工作具体管理办法和安全管理规定、实习学生安全及突发事件应急预案等制度性文件；职业院校和实习单位应当分别选派经验丰富、业务素质好、责任心强、安全防范意识高的实习指导教师和专门人员全程指导、共同管理学生实习。因此，高等职业院校学生实习管理应该是多方共同的责任。

摘自《河南教育·职成教》2017年第11期

二、遵守劳动法律法规

法律法规在维持正常的劳动秩序、保护劳动者权益以及明确义务发挥着巨大作用，其中《劳动法》和《劳动合同法》都是劳动者解决劳动纠纷，维护自身合法权益的重要法律武器。与劳动相关的法律法规很多，在我国的根本法《宪法》中就规定了公民的劳动权，《中华人民共和国安全生产法》中对加强安全生产、减少生产安全事故做出了规定。作为即将踏入社会的大学生，尤其要对劳动法、劳动合同法的基本常识有一定了解，在辛勤劳动、诚实劳动、创造性劳动的同时，切实维护自己的合法权益。

（一）《劳动法》

《中华人民共和国劳动法》（以下简称《劳动法》）是国家为了保护劳动者的合法权益，调整劳动关系，建立和维护适应社会主义市场经济的劳动制度，促进经济发展和社会进步，根据宪法而制定颁布的法律。从狭义上讲，我国《劳动法》是指 1994 年 7 月 5 日第八届全国人大常委会第八次会议通过，1995 年 1 月 1 日起施行的《中华人民共和国劳动法》；从广义上讲，《劳动法》是调整劳动关系的法律法规，以及调整与劳动关系密切联系的其他社会关系的法律规范的总称，是我国社会主义市场经济法律体系的重要组成部分。

《劳动法》的颁布，是我国社会主义法制建设的又一辉煌成果。它对于调整各种劳动关系，保护劳动者的合法权益，促进社会主义市场经济法律体系的建立，都具有十分重要的意义。

劳动法是整个法律体系中一个重要的、独立的法律部门。首先，劳动法侧重保护劳动者。劳动关系中，用人单位和劳动者之间是管理与被管理的关系。要保护劳动者，就必须通过法律的强制性来改变劳动者的弱势地位，如劳动法中关于解除劳动合同的禁止性条件，目的是为了更好地保障劳动者劳动权利；有关劳动保护的相关条款，目的是为了保障劳动者在劳动过程中的安全。但这并不意味着不保护用人单位的利益。一方面，劳动法的制度设计是为了建立稳定和谐的劳动关系，为了保护用人单位的利益，劳动法也规定了劳动者的义务；另一方面，用人单位的利益也可以通过其他的法律得到保护，如物权法、合同法、公司法、知识产权法，等等。

其次，劳动法以强制性规范为主。劳动法大多属于强制性规范，尤其是劳动基准法，它是国家对用人单位设定的义务，用人单位必严格遵守，不能降低标准，只能在最低标准之上给予劳动者更好的劳动条件和工资福利待遇。即使是调整劳动合同关系的任意性规范，也与调整一般民事合同关系的任意性规范不同，如在劳动合同关系中，合同自由原则既要受法定劳动基准的限制，还要受集体合同的限制，凡是与法律相冲突或低于集体合同标准的条款都无效。

第三，劳动法是实体法和程序法的统一。一般而言，实体法和程序法是一种互为依存的关系，有一定的实体法，就有与之对应的程序法，例如民法与民事诉讼法、刑法与刑事诉讼法。劳动法则不然，其本身既有实体性法律规范，又有程序性法律规范，这是由劳动法的特殊性所决定的。由于劳动争议具有复杂性和特殊性，劳动争议的解决程序也有不同于普通民事纠纷和商事仲裁的特点，因此必须专门做出决定，这就使得劳动法既有实体法的内容，又有程序法的内容。

《劳动法》作为维护人权、体现人本关怀的一项基本法律，在西方甚至被称为第二宪法。《劳动法》关系到我们每个人的生活，我们无时无刻不在《劳动法》的保护和约束之中。不管是普通工人还是其他劳动者，我们应该清楚《劳动法》赋予我们的基本权利和义务，履行义务，维护权利。

（二）《劳动合同法》

《中华人民共和国劳动合同法》（以下简称《劳动合同法》）于 2007 年 6 月 29 日第十届全国人民代表大会常务委员会第二十八次会议通过，自 2008 年 1 月 1 日起施行。《劳动合同法》是实现劳动力资源的市场配置，维护劳动关系和谐稳定的重要法律制度。

在我国，劳动合同是劳动者与用人单位在一定条件下进行双向选择，建立劳动关系的法律形式，用合同形式明确劳动者与用人单位之间的劳动关系，是保护劳动者合法权益的基本依据，是我国劳动法治重大进步的标志，对实现劳动关系的调整从行政手段向法律手段转变具有重大的现实意义。

《劳动合同法》是一部调整劳动社会关系的法。法作为一种特殊的行为规范，其调整的范围及其广大，其中有关劳动关系的法律规范隶属于社会法，《劳动法》《劳动合同法》属于社会法中的劳动关系法律部门。劳动法调整的是劳动社会关系，通俗地说，就是有关劳动社会关系的法律问题寻找劳动法来解决，劳动合同法作为劳动法的重要内容，主要调整的是劳动合同关系。

《劳动合同法》是一部保护劳动者合法权益的法。《劳动合同法》调整的劳动关系，主要是通过明确规定劳动合同双方当事人的权利和义务来保护劳动者的合法权益，其立法价值在于追求劳资双方关系的平衡，着眼于解决现实劳动关系中用人单位不签订劳动合同、拖欠工资、劳动合同短期化等诸多侵害劳动者利益的问题，为使劳动合同制度真正在保持我国劳动关系的和谐稳定方面发挥更加积极的作用，立法定位向劳动者倾斜。

《劳动合同法》完善了劳动合同制度。我国劳动合同法的实施，既坚持了劳动法确立的劳动合同制度的基本框架，包括双向选择的用人机制，劳动关系双方有权依法约定各自的权利和义务，依法规范劳动合同的定力、履行、变更、解除和终止等，同时又对劳动法确立的劳动合同制度做出了较大修改，在劳动规章制度的制定程序、特殊人员的解雇保护、集体劳动合同、劳务派遣、非全日制用工等方面对我国的劳动制度进一步完善。

三、充分认识工会组织作用和地位

工会是近代工业社会下劳动关系矛盾的产物，而且是随着资本主义生产方式的出现而产生的，是雇佣工人或以工资收入为主要来源的劳动者，为维持或改善其劳动生活条件而自愿结合起来的一种持续性的工人团体。

在不同的历史时期以及不同的政治经济环境下，工会的职能或作用也会有所不同，不过，在总体上，随着社会的不断发展，工会的职能也越来越多样化，以满足工人日益复杂的需求。

首先，工会具有经济职能，即帮助工人实现就业，并为其争取经济利益，这是工会最基本的职能。工人组建或参加工会的目的，首先就是为了维持或改善其雇佣条件，如果工会不能履行这一经济职能，那么工会也就失去了存在的意义。

其次，工会具有政治职能，主要是指工会通过组织和动员工人参与各种政治活动或社会运动，来积极推动社会制度的变革，让工人权益能够在国家的方针政策、法律法规和规章制度中得到体现或保障；同时，也组织工人积极参与国家、地方、行业或产业、企业等各层级的经济和社会事务的管理或监督工作，让工人享有充分的参与权和监督权。

工会也具有社会职能，即积极促进工人彼此之间的友爱、互助和团结，在工人出现疾病、年老或意外时，能够为其提供互助保障和关爱，让工人在现代城市生活中能够找到社会归属感和认同感，并提升其生活的尊严感和价值感。

最后，工会也具有文化或教育职能。这种职能首先表现在对工人的职业技术技能的培训上，包括对学徒工的培养，这是为了更好地提升工会会员的劳动力素质，提升其就业能力，从而间接地帮助其提高工资水平。

工会的教育职能还表现在对工人文化知识水平的提升上，特别是在工业化早期，工会通过各种载体或渠道对工人进行知识文化教育，提升其文化素养，同时也让工人在这种受教育过程中，提高自身的综合能力或视野，让他们有能力参与各种经济和社会事务的管理工作。此外，工会的教育职能还表现在对工人劳动伦理、职业精神、道德纪律以及工会意识的培养上，从而达到提升工人群体乃至整个社会的道德水平的效果。很显然，工会的文化职能对于工会的经济、政治和社会职能都有积极的促进作用。

我国的工会是紧紧围绕党和国家工作大局来开展工作的，积极致力于竭诚服务职工和维护职工合法权益的工作。维护职工合法权益是工会的天职，这包括维护职工的劳动就业权利、获得劳动报酬权利，社会保障权利、劳动安全卫生权利、民主权利、精神文化权利和社会权利等，使改革发展成果更多更公平惠及职工群众。竭诚服务职工群众则是工会一切工作的出发点和落脚点。近年来，我国的工会一直致力于健全服务职工体系，拓宽服务职工领域，以顺应职工对美好生活的新期待。群众性还表现为工会工作是以职工群众为中心，让职工群众当主角而不是当配角，当观众，因此，工会工作各项事务，包括自身的内部管理、改革和创新等，都需要职工的积极参与。

课后思考

1. 简述马克思主义幸福观的观点。

2. 结合生活实际，谈谈你对幸福深刻内涵的理解。

3. 为什么说劳动是实现幸福的唯一途径？

4. 勤劳是中华民族最传统的美德，结合学习生活实际谈谈当代大学生如何做一名勤劳的新时代的奋斗者。

【实践活动设计】

辩论赛

辩论指彼此用一定的理由来说明自己对事物或问题的见解，揭露对方的矛盾，以便在最后得到共同的认识和意见。同学们，日常生活中大家是否对劳动有不同的见解？请围绕当前部分大学生中出现的不珍惜劳动成果、不想劳动、不会劳动等现象，确定辩论主题，组织一次辩论赛。在开始比赛之前，请查阅资料，了解辩论赛的基本流程、规则，制订合理的比赛程序。

我的观点	
团队分工	
辩论陈词	
教师点评	

志愿服务有行动

2020年初，一场突如其来的新冠肺炎，由武汉蔓延全国，在这场没有硝烟的战争面前，全国人民众志成城，抗击疫情。大批志愿者响应号召，迅速集结，卡点值班，测体温做登记，走家串户宣传，返乡人员登记，排查流动人口……一抹抹志愿红，为保障人民群众生命安全和身体健康贡献着青春力量。有人说，参加公益活动是“赠人玫瑰、手留余香”的过程。在帮助他人、服务他人的过程中，我们付出着真情，也收获着被人需要的“获得感”。过去十年，我国志愿者超过1.3亿，公益机构达815757家，捐赠额超过1000亿。咱们大学生，虽然没有雄厚的物质基础，也没有耀眼的社会光环，但这些并不妨碍我们参与志愿服务，用自己的劳动去帮助需要帮助的人，传播社会正能量，带动更多的人帮助他人。但参与志愿服务不是一时兴起的冲动，也不是盲目跟风，要严谨分析服务需求，周详制订服务计划，努力提升服务技能，从而做到帮忙不添乱。

发现服务需求 → 制订服务计划 → 学习服务技能 → 开展长期服务 → 反思交流 → 再次服务

众人拾柴火焰高，抱团支援力量大。请留心观察，发现你的身边有哪些人、哪些事需要帮助，与你的同学组成一个行动小组，紧紧围绕服务需求，拟定主题，寻求最佳的实现方式，统筹协调，合理分工，精准施策，制订合理的服务计划，发挥专业技能，努力为他人提供服务吧！

<table>
<tr><th colspan="4">志愿服务计划</th></tr>
<tr><td>服务小组成员</td><td></td><td>联系电话</td><td></td></tr>
<tr><td>服务主题</td><td></td><td>服务时间</td><td></td></tr>
<tr><td>服务目的</td><td colspan="3"></td></tr>
<tr><td>服务准备</td><td colspan="3"></td></tr>
<tr><td>服务计划</td><td colspan="3"></td></tr>
</table>

请根据服务计划，学习、掌握服务技能，回想一下，哪些课内所学能够帮助我们更完美地执行服务计划。一切准备就绪，让我们带上劳动工具，带上美丽的心情，一起开始我们的志愿服务行动吧！不要忘记记录下服务过程，留下美好回忆！

志愿服务档案
服务人：
服务时间、地点：
服务过程（做了哪些事情，遇到了哪些困难）：

劳动生产力是随着科学和技术的不断进步而不断发展的。

——马克思

科学决不能不劳而获，除了汗流满面而外，没有其他获得的方法，热情幻想以整个身心去渴望，都不能代替劳动。世界上没有一种“轻易的科学”。

——赫尔岑

第四章 技术技能在劳动中形成与发展

本｜章｜导｜读

劳动创造了人，人也在劳动中不断提升认识世界、改造世界的能力。以制造和使用生产工具为代表的技术技能推动着社会和人自身向前发展。人类经历了原始社会、奴隶社会和封建社会的漫长的手工劳动，资本主义社会让人异化的机器大生产劳动，近代以来的几次科技革命，更是给人类自身和社会发展带来了巨大变化。

本章深入分析了美好生活的创造需要我们每一个劳动者成长为掌握先进的技术技能的劳动者，这样才能为美好的生活创造出丰富的物质财富和精神财富，才能推动技术技能的进步，把人从繁重枯燥的异化劳动中解放出来；重点阐述了技术技能的内涵和特征。

通过本章内容的学习，我们希望同学们一方面了解技术技能的形成发展史，知道技术技能是在劳动中形成的；另一方面积极参与实践劳动，了解技能形成的规律，响应时代和国家发展的需要，成长为具备高技术技能的人才。

第一节　技术技能是创造美好生活的基础

人类社会发展的历史，也是技术技能和科学理论在劳动实践中进步的历史。在今天，通信技术的发展使人们打开手机视频就可以看到远方的亲人，而不再有“烽火连三月，家书抵万金”“长安一片月，万户捣衣声。秋风吹不尽，总是玉关情”般的相思之愁。现代交通技术的发展，让过去花费几天、几个月甚至几年时间的路程，乘坐高铁、飞机，几个小时就可以完成。技术技能和科技理论的发展正在深刻地改变着这个世界。

进入 21 世纪以来，全球科技创新空前密集活跃，新一轮科技革命和产业变革正在重构全球创新版图、重塑全球经济结构。以人工智能、量子信息、移动通信、物联网、区块链为代表的新一代信息技术在加速突破应用；融合机器人、数字化、新材料的先进制造技术正在加速推进制造业向智能化、服务化、绿色化转型。科学和技术之间、技术之间、自然科学和人文社会科学之间日益呈现交叉融合趋势，科学技术从来没有像今天这样深刻影响着国家前途命运，从来没有像今天这样深刻影响着人民生活福祉。

当代青年只有深刻了解和把握科学和技术技能的发展规律，在积极参与劳动实践的过程中，成长为高技术技能型的建设者，才能担当起时代的大任，完成历史赋予的时代使命。

一、技术和技能

荀子在《劝学》中说：“假舆马者，非利足也，而致千里；假舟楫者，非能水也，而绝江河。君子生非异也，善假于物也。”在自然界中，人的奔跑速度比不上马匹，力量比不上耕牛，可是经过漫长的发展，人类却成为万物之灵，是因为人类学会了使用外物的力量。

（一）认识技术和技能

技术是人类为了满足自身的需求和愿望，遵循自然规律，在长期利用和改造自然的过程中积累起来的知识、经验、技巧和手段，是人类利用自然、改造自然的方法、技能和手段的总和。技术中既包括以劳动工具为主的物质手段，还包括创造、控制和利用工具、设备的技巧、方法等的知识经验和能力。

技能是学习者运用已有知识经验，通过练习形成的、控制动作执行来完成特定目标的操作程序，它不是先天就有的，而是后天通过练习而逐渐熟练掌握的。例如，打字、骑车、游泳、阅读、写作、解题等都是不同复杂程度的技能。

技术技能的形成和发展是一个极其漫长的过程。尤其是在从猿到人的转变过程中，一个微不足道的进步都经历几十万年的发展历程。据历史考证，大约在 300 万年前，人类开始尝试制造最简单粗糙的工具。人类学会使用火，只是使用天然火，就足足摸索了 200 多万年。考古证明，距今 70 ~ 80 万年前人类有使用天然火的遗存。而敲打燧石取火和钻木取火，人类的祖先又在生产实践中摸索了几十万年，到了距今一万年前才学会。只是到了近代，人类的技术才开始进入飞速发展、日新月异的阶段。

技术技能的进步源于劳动实践的需要，是劳动经验、成果不断积淀的结果。在技术技能发展的漫长岁月里，像火的使用、制造工具、制陶等技术一样，都是在人类认识自然、改造自然、与自然斗争的劳动实践中，由于社会实践的需要而产生的，并随着生产活动新的需求而逐步发展起来的。

技术和技能在不同的历史时期表现出不同的历史形态。在原始社会，人类的主要技术技能局限于制造石器工具、制陶，生产活动还表现为刀耕火种的形态。在资本主义社会，蒸汽机等技术的出现让人类的劳动形式呈现出机器大生产的形态。

技术技能是人的本质力量，是社会生产力的具体体现。人总是在改造自然界的过程中也改造着自身。正像马克思所说的那样："工业的历史和工业的已经产生的对象性的存在，是一本打开了的关于人的本质力量的书，是感性地摆在我们面前的人的心理学。"从粗糙的打制石器到精美的磨制石器，从青铜器到铁器，从手工劳动到机器化大生产。这些以物质的形态呈现出来生产工具就像一本述说人类改造自然、认识自然的能力不断提升的图画，生动地显示出人类本质力量的不断壮大，显示出社会生产力和人的本质不断进步的历程。

拓展阅读

技术与技能的关系

技术总是通过"工具"的方式呈现。人类的知识库是一个连续谱，科学知识的运用产生技术，技术的运用形成工具，技术的成果总是通过形形色色的工具表现出来。随着技术的发展，各个领域不断出现与之相应的工具。以机械加工为例，与技术发展相对应，先后出现了锉、锯等手工工具，车床、磨床等机械化工具，随着计算机技术的发展以及技术的融合，产生了数控车床、柔性加工中心等集成化制造工具。

技能反映的是人与工具之间的关系。技能是人们运用工具进行生产与服务的能力，不同的人对于同样的工具，表现出不同的运用能力与水平，反映的就是这种技能的不同。例如，一位高水平的厨师能用一把菜刀快速切出又细又匀的土豆丝，而一个未经训练的普通人用同一把菜刀，切出的土豆丝却长短不一、粗细不均，这就是他们背后隐含的技能不同。技能是在与工具的反复互动即反复训练中形成的。

技术与技能通过中介“工具”联系在一起，有什么样的技术，就产生什么样的工具，就需要相应的技能。技术改变了，相应的工具改变了，必然会带来所需要技能的改变。

（二）技术、技能和科学的联系

科学和技术技能都是在劳动实践中产生，由劳动实践的发展程度所决定的。科学是人们对客观世界及其规律性的正确反映和真理性的认识，是系统化的知识体系。技术更表现为人们对客观世界进行改造的手段。

科学是在劳动实践过程中，随着技术技能的不断进步逐步分离出来的。人们对自然规律的探索和对自然的改造，从人猿相揖别之后就开始了。不过早期的人类社会还处在蒙昧无知的时代，还只能以自身为尺度，在渔猎采集的原始劳动中，以所接触到的狭小范围为认识的起点，靠感性的直观对自然界的因果性、规律性进行猜测。“科学”还曾和神话、巫术、妖术、原始宗教“混沌一体”，形成人类最原始的文化。随着生产劳动的发展，人们的认识水平与工具制造水平的提高，火的使用和取火方法的发明，使得原始技术不断进步，推动着人类认识自然能力的提高，科学也逐步从“原始混沌一体”的文化中分离出来，形成了自发的唯物论和朴素的辩证法。

文艺复兴和资本主义生产方式的发展现实需求直接推动了自然科学的发展。文艺复兴时期，生产中的技术改造与机器的逐步采用，向人们提出很多新的问题，需要自然科学予以解决，以促进生产力的更大发展。同时，新兴资产阶级要求掌握政治权力，他们需要把自然科学作为反对宗教统治、争取思想自由的理论武器。从 18 世纪中叶到 19 世纪下半叶，在欧美大地上先后发生了两次技术革命。这两次革命促进了社会生产力和科学技术水平的极大提高，引起了世界政治、经济、思想文化等方面的巨大变化，同时为现代科学技术的产生准备了条件，也为科学的发展提供了物质基础。近代的自然科学就是在这种背景下取得了突飞猛进的发展。

科学和技术有着不可分割的紧密联系。它们既相互区别，又相互依存、相互渗透、相互转化。科学的任务是通过回答“是什么”和“为什么”的问题，揭示自然的本质和内在规律，目的在于认识自然，一般表现为知识形态。技术的任务是通过回答“做什么”和“怎么做”的问题，满足社会生产和生活的实际需要，目的在于改造自然，一般具有物化形态。科学是技术发展的理论基础，技术是科学发展的手段。科学常常启发人们提出新的、以前没有想到过的事物特性，进而导致新技术的产生。人们运用技术，发明了越来越多的新仪器和新技艺，进而推动了各方面的科学研究。技术不仅为科学研究提供了工具，而且还可以激励理论研究动机并提供方向。

随着现代科学革命和技术革命的兴起，科学与技术越来越趋向一体化。技术与科学的联系越来越紧密。许多新兴技术尤其是高技术的产生和发展，直接来自现代科学的成就。科学是技术的升华，技术是科学的延伸。只有科学先进，才能技术进步，经济发达。技术和生产的进步反过来又促进了科学的发展，为科学发展提供更好的手段和条件，特别是科学研究的技术手段和资金条件。科学、技术和生产形成一个相互促进的良性循环关系，造就了现代科学技术以及经济和社会迅速发展的良好环境。20 世纪以来，科学有了迅猛发展，科学日益成为技术的先导，技术进步对科学的依赖性、技术与科学结合的趋势也加强了。

（三）技术技能的特征和种类

技术是在劳动过程中产生、发展起来的，劳动的进化史就是技术的进化史。技术在本质上“揭示出人对自然的能动关系，人的生活的直接生产过程，以及人的社会生活条件和由此产生的精神观念的直接生产过程”。技术体现了人对自然的实践关系，是人的本质力量的有力展现，属于直接生产力，是自然性和社会性、物质性和精神性、中立性与价值性、主体性和客体性、跃迁性和累积性的统一。技术作为表现人对自然能动关系的范畴，其特征显现出独特的辩证性质。

技术具有自然性和社会性。技术作为人用来延长人的自然肢体和活动器官的自然物，是客观自然界的一部分，这决定了技术实践活动必须符合自然物质的运动规律，作为手段和方法的技术也必须依靠自然事物和自然过程，符合自然规律才能创造出来，现代技术更是人类自觉利用自然科学知识的结果。技术作为变革自然、调控社会的手段，又必须服务于人类的目的、满足社会的需要，才能为社会所接受，否则也难成为现实生产力。社会经济、政治和文化对技术的制约使技术活动只有在社会的共同整合下才能产生和实现。

技术具有中立性（工具性）和价值性。技术的工具性指的是，技术作为一种工具体系，具有其作为达到人类目的的手段的作用。技术产生什么影响、服务于什么目的，这些都不是技术本身所固有的，而取决于人用技术来做什么。技术不只是一种达到目的的手段或工具体系和解决问题的手段，也是伦理、政治与文化价值的体现。技术不仅体现了技术判断，而且也体现了更广泛的社会价值和那些设计和使用它的人的利益。如终止妊娠技术、试管婴儿技术、克隆技术都引发了伦理学上的思考和争论。技术是一种影响社会价值的实质性的力量，可以冲破以往传统的和现存的制度、体制、文化、人际交往关系和意识形态等体系。

技术具有自主性和社会建构性。技术的自主性是指技术是一个相对独立与自主的系统，有其内在的动力与自我发育和自我增长的特点。人是技术的创造者，但技术一旦产生，便具有相对的独立性与自主性，甚至技术塑造人类发展，而不是仅仅屈就于人类的目的。技术的社会建构性是指技术是一种由社会建构的产物。社会对技术及其发展起决定性影响，技术总是居于一定的社会环境和人文环境之中的，都会受到社会的影响。因此，技术的起源必须根据它的特定的社会背景来理解。对技术的这种社会建构性的夸大是各种形式的社会决定论思潮的根源。

技术具有主体性和客体性。技术是人对自然的能动过程，人们的知识、技能和经验这些主体要素具有重要的作用，即使是在现代技术活动中，经验性的技能、诀窍和规则仍然是必要的。同时，技术还是精神向物质转化，知识转化为物质手段和实体的过程，包含了各种课题要素，如工具、机器设备等。技术既包含方法、程序、规则等软件，也包括物质手段等硬件，缺少任何一方都不可能产生现实的技术。软件与硬件相互作用和不断更新，使技术不断发展。

技术具有跃迁性和累积性。技术首先是发展变化的，在人类的不同历史时期占主导地位的技术不同。同时，技术又具有累积性。新的技术（群）出现后，原来的技术并非全部被否定掉，而是经过一个扬弃的过程，从而形成技术的多层次性和多种技术的相互融合的特征。

技术的国际性和民族性。技术的国际性是指技术的本质目的是为全人类而不仅是为某一特定的国家和民族的发展和进步而服务的特性。技术的民族性是指不同的国家和民族因受其本国政治、经济、法律、文化传统等因素的影响，而表现出来的对不同技术形式的选择。

技术按不同的标准可以分为很多的种类。按照人的劳动实践活动的内容来划分，可以把技术分为生物技术、机械技术、化学技术和物理技术等类型。

生物技术是指运用自然界生物运动规律的生物学方法，改变生命活动过程与形态的技术。如传统农业技术，以及遗传工程、细胞工程、酶工程和发酵工程等现代生物工程技术。机械技术是指运用自然界机械运动规律的力学方法，创造人工机械运动过程，改变地表机械运动状态和自然界形状的技术，如挖掘技术、机械加工技术、运输技术等。化学技术是创建恒星人工自然的技术，指运用自然界化学运动规律的化学方法，建立人工化学过程，在地球表面模拟恒星演化过程，改变自然物质的成分与结构的技术，如各种化工技术、合成材料技术、冶炼技术等。物理技术是指运用宇宙演化规律，在地球表面模拟宇宙演化过程，改变自然物质的热、声、光、电、磁等性质，生成基本粒子的技术、能量转换技术等。

技能是由一系列特定动作组成的动作系统。如司机驾驶车辆，工人开动机床，运动员游泳、做体操或射击，演员表演舞蹈等等，所有这些活动都是由一系列特定动作构建起来的动作系统，因此都是技能。

技能是自动化、完善化的动作系统。所谓“自动化”，就是形成了的技能，其全部动作无须或很少需要意识控制与调节就能很自然地逐一实现。如驾驶技术熟练的司机驾车时，他无须考虑怎样启动发动机、向哪个方向转动方向盘、如何刹车等，就能轻松敏捷，一个接一个地完成全部驾驶动作。所谓完善化，则指多余和错误动作消失，各动作间衔接合理有效，技能动作灵活实现。

技能是反复练习的结果。任何技能都需经反复练习方能形成，尤其是复杂的技能，更是如此。

技能形成的神经机理是大脑皮层暂时神经联系的建立和定型。组成动作系统的每个动作的反复练习，会在大脑皮层实现由刺激与反应引起的兴奋灶之间暂时神经联系的建立和巩固。而由单个动作的掌握转为动作系统的形成，则是在反复练习中，已经在大脑皮层建立并巩固的各个动作的暂时神经联系之间形成联系，组成暂时神经联系系统，这种联系系统达到自动化程度即成为动力定型。暂时神经联系和联系系统的建立与定型是技能形成并保持的神经生理基础。

技能主要分为三种类型。通用技能，指可以在大量不同职业中通用的就业技能，如沟通技能、解决问题的能力、使用设备的能力。职业技能，指那些必须在某一特定职业或职业群中使用的职业或技术技能。个人特质，如积极性、公正、领导力、与别人良好交际、自我激励或激励他人的能力。

二、掌握技术技能创造新时代美好生活

在漫长的人类社会的发展历程中，随着技术技能的进步，人类社会经历了茹毛饮血的野蛮时代、辛苦劳作的农耕时代、自我异化的机器大生产时代，在今天，技术技能的发展为扬弃人的异化，实现人的全面解放和幸福生活准备了条件。党的十九大报告明确指出：“中国特色社会主义进入新时代，我国社会主要矛盾已经转化为人民日益增长的美好生活需要和不平衡不充分的发展之间的矛盾”。追求美好的生活已经成为我们时代的底色。

（一）技术技能让人从繁重的劳动中解放出来

以新工具发明为标志的技术技能的进步往往把人从繁重的劳动中解放出来，极大地提

高生产效率，甚至使整个社会面貌发生改变。在古诗《悯农》中作者写道“春种一粒粟，秋收万颗子。四海无闲田，农夫犹饿死。”在生产力落后的农耕时代甚至是更远古的时代，人类为了生存无时无刻不在付出艰辛的劳动。即便如此，稍有社会动荡和自然灾害，吃饭问题就会成为社会的难题。到了机器大生产时代，人又被绑架到工厂的流水线上，日复一日地重复着单调的劳动，以至于在资本主义社会只要放弃强制，人们就会像逃避瘟疫一样逃避劳动，追求闲适富足的生活。躲避劳动在过去的社会成了很多人的目标，以至于让人们忽视了劳动的真正价值。现代社会新技术技能的进步，尤其是人工智能制造的发展，正把人从繁重和单调的劳动中解放出来，为人们从事发挥自身全面创造创新能力的工作准备了条件。

拓展阅读

图灵和人工智能

1950 年，一位名叫马文·明斯基（后被人称为“人工智能之父”）的大四学生与他的同学邓恩·埃德蒙一起，建造了世界上第一台神经网络计算机，这被看作人工智能的一个起点。巧合的是，同样在 1950 年，被称为“计算机之父”的艾伦·图灵提出了一个举世瞩目的想法——图灵测试。按照图灵的设想：如果一台机器能够与人类开展对话而不被辨别出机器身份，那么这台机器就具有智能。同年，图灵还大胆预言了真正具备智能机器的可行性。

1956 年夏天，美国达特茅斯学院举行了历史上第一次人工智能研讨会，被认为是人工智能诞生的标志。在会上，约翰·麦卡锡首次提出了“人工智能”的概念，艾伦纽厄尔和赫伯特·西蒙则展示了编写的逻辑理论机器。明斯基提出“智能机器能够创建周围环境的抽象模型，如果遇到问题，能够从抽象模型中寻找解决方法”。

智能制造技术工业机器人的出现及广泛应用，必将为社会带来巨大的经济效益，把人类从繁重的体力劳动和有害的工作环境中解放出来。当前，工业机器人在环境感知、智慧决策、灵活动作、人机协同、工业互联等方面取得了巨大的进步，已成为制造业革命的核心，正改变着人类的生产模式。

（二）技术技能是创造美好生活的前提

人们追求美好的生活不但表现在要摆脱繁重而重复的劳动，还要拥有能够满足人们发展需求的物质文化和精神文化。周末同学们走出校园去采购生活和学习上需要物品，同学们一起去看场电影或品尝一次美食来放松一周紧张学习生活。我们美好的购物、消费、娱乐等体验，客观方面，社会要有物质、文化生产能力；主观方面，主观个体也要有适应时代要求的能力。比如一家让顾客满意的餐厅，要有技艺高超的厨师，懂得顾客心理的贴心周到的服务员，以及让人舒心怡情的良好环境。又或是一次愉快的就医经历，要遇到一位技术高超、医德高尚、药到病除的医生，而不是态度糟糕、盲目医治的庸医。除了上面的这些社会的客观条件，还需要社会成员具有适应社会发展要求的能力。比如一个老年人去银行取钱时，面对简洁方便的自动存取款机往往手足无措，不知如何操作。新冠疫情暴发以来，大量线上工作的新方式，让很多人都意识到适应社会发展、学会新的技术技能的重要性。

现实生活中美好的体验，既需要我们社会上有一大批拥有高超技术技能的厨师、工人等劳动者为社会提供丰富的物质基础。同时我们也要不断提升自身的能力，具备解锁各种新设备、新环境的技术技能。如果没有一大批具备时代技术技能的人，就不能提供物质基础，个人没有解锁时代密码的技能，再好的服务和便利也得不到享用。

人都是现实的具体的历史中的人，没有抽象的人。人只有具备其所生活的那个时代本质能力的技术技能才能更好地在那个时代中生存，实现自身的自由和发展。否则就会像刘姥姥进大观园，处处感到拘束和不自由。人的发展历程就是一个在劳动中不断地学习传承所处时代的技术技能，又不断地创新技术技能的过程。人不能突破他所处的时代，就像肉体不能突破皮肤。

（三）技术技能是实现个人价值的手段

人的价值包括个人价值和社会价值。个人价值是指个人或社会在生产、生活中为满足个人需要和发展的贡献。个人的社会价值是个人通过自己的实践活动为社会及他人的发展所做出的贡献。二者是相互联系、互相转化的。社会为个人价值的实现提供时代背景和基础，个人在为社会的贡献中实现自我的需求。

这个时代的青年人，只有学会了适应这个时代的技能和技术要求才能更好地实现自身的自由和解放，寻求与来自社会压力的和解。未来美好生活的创造也依赖于每一个人成为具备时代本质能力的技术技能的劳动者。这既是每个人幸福生活的前提，也是创造这个时代美好生活的时代的责任。只有在劳动中学会和具备这个时代的技术技能，才能成为这个时代合格的建设者，才能为这个时代的发展建设作出自己的贡献。也只有具备了这个时代的技术技能，才能成为拥有这个时代本质能力的人，才能不与时代脱节，既能在为社会作出贡献的过程中实现个人的价值，也能更好地适应社会生活。

回首求学经历，让人赞许的老师都在师德和教学素养上有着过人之处。他们要么了解青少年的成长规律，可以春风化雨地给学生带来正向的引导和鼓励；要么热爱自己的专业，以高超的教学技能给学生带去遨游知识海洋的享受。优秀的教师需要在良好的学校环境中、日复一日的教学实践中不断地打磨自己，实现自我能力素养的蜕变。随着人们对美好生活的追求，不同社会角色的每一位社会成员，在学校、在商场、在饭店、在医院，都有对衣食住行每一个领域的美好生活的追求。这些都建立在人与人之间的社会服务和交换的过程中。我们都期盼遇到美好的感受和经历，付出最小社会成本取得完美的收获和回报。而这一切都要建立在我们的社会拥有一批高素质的劳动者和建设者基础之上。作为在校大学生，各位同学有的学习机电、有的学习护理、有的学习口腔医学，将来都会走进社会，服务社会，都要在社会上创造价值、交换服务，成为自己、他人和社会美好生活的创造者。承担时代使命，学好彰显这个时代本质能力的技术技能，是个人追求美好生活和实现社会美好生活的基本要求和前提条件。

第二节　技术及其形成过程

一、技术的发展演变

技术的发展是伴随劳动，由简单到复杂的一个不断的发展过程。经历了漫长的石器时代、青铜器时代和铁器时代的萌芽和初步发展的阶段；也经历了科技革命以来，随着机器生产和资本主义的生产关系模式下的技术异化，把人变成机器一样单一枯燥劳动的阶段。在今天，随着智能技术和各种边缘性学科和高科技的出现，人们日益从旧式的繁重和单调的劳动中获得解放，为扬弃旧的生产方式，走向人的全面发展和解放奠定了基础。

（一）手工劳动——技术的萌芽与发展

技术的本质就是人的本质，人类的历史也是技术的发展史。技术的萌芽发展是一个极其缓慢的摸索过程。每一个进步都是人类对于自然界的认识加深和经验积累的过程。在今天看似非常简单的技能，在历史上都经历了漫长的过程。在人类社会之初，古猿人无论外貌、自身的生理结构、大脑容量都与现在的人有着很大的不同。现在看来一个很容易理解和实施的技术技能在当时都是一个很难逾越的高峰。

据现有的研究证明，古猿人出现的时间为距今 250 万 ~ 400 万年。我国已发现的古猿人有云南元谋猿人、陕西蓝田猿人、北京周口店猿人等。其化石距今的时间大概是：170 万年、80 万年、40 万 ~ 50 万年。我们知道，劳动是从猿到人转变的关键，猿人手和脚的分工是转变的转折点，手的发展是在劳动中制造工具开始的，技术和技能也从这里开始萌芽。劳动创造了人本身。同样，劳动也是技术技能赖以产生的源泉。在长达 300 万年的历史长河中，人类 99% 的时间是在原始社会中度过的。现在的研究发现，在这个漫长的过程中，几乎没有什么像样的技术，更谈不上自然科学。只是随着手的发展、随着劳动加深了人对自然界的认识，扩大了人的眼界。技术、技能在最初的劳动中萌芽，为今天巍峨高耸的科学大厦奠定了最早的基石。

原始社会的技术的萌芽。早期的类人猿只会使用天然的工具，如树枝、石块等。大约在 300 万年以前，类人猿在长期使用天然工具的基础上开始学会保存那些用起来顺手的天然工具，并仿照天然存在物打制类似的工具。在这种最初的活动中有了我们今天所说的技术的雏形。在漫长的早期社会中，工具的发明使用，火的使用和人工取火，原始农业和畜牧业的生产和发展，制陶业和原始手工业的出现，这些相关技术技能的形成和发展对人类走向文明具有重要意义。

工具的发明和改进。人类最早用来制造工具的材料包括树枝、石块、动物的骨角和贝壳等，其中最主要的是石块。人类初期制作的石器比较粗糙，一般是捡来合适的石块，打制出所需的尖或刃即成，还不会为它们加上木质的柄。使用打制石器工具的时期被称为“旧石器时代”。目前所知的最早的石器发现于前东非肯尼亚特卡纳湖东岸的库彼弗拉，距今261万年。在经历了250多万年的劳动经验积累之后，到了旧石器时代晚期，人们在石器上绑上木头兽骨之类作为把柄，发明了用两种或两种以上的材料构成的复合工具，如石斧。大约到了1万年前，随着原始人石器加工的技术不断提高，人们打制石器的技术越发成熟，由粗糙的打制趋向精细的磨制技术，人类从此进入“新石器时代”。大约在距今14000年前，旧石器时代伟大创造之一“弓箭”被发明出来使用。弓箭技术的发明，大大扩展了劳动对象的范围和人类生活来源，标志着人类的技术技能水平达到了一个新高度。到了新石器时代末期，出现了金属冶炼技术。最早出现的金属器具是青铜器，这标志着延续了300万年的石器时代的结束和金属时代的开始。生产技术的进步和金属工具的使用，大大促进了农业生产的发展，原始人逐渐由采集和游猎生活过渡到定居农耕生活，畜牧业也得到很大发展。

火的利用和取火方法的发明。在自然界中，由于火山爆发、雷击、自燃等原因会产生“天火”。人类从动物界分离出来以后，有很长时间仍然对火感到十分恐惧，后来慢慢发现火是有用的，就逐渐学会接近火和使用火，甚至把火种带回居住的山洞里保存起来。从怕火到利用火，这个过程长达100多万年。考古证明，在我国云南元谋旧石器时代遗址中发现了许多炭屑；山西芮城的西侯度遗址也有类似用火遗迹。北京周口店的北京猿人居住过的山洞里，灰烬堆积层最厚处可达6米，表明北京猿人早在40万～50万年前已长期、有效地利用火了。河南荥阳织机洞遗址距今约10万年，其灰烬也厚达3.5米。这些都是原始人用火的证据。但是，原始社会最伟大的技术发明并不是火的利用，而是取火方法的发明，也就是人工取火。在西方和中国，都有“摩擦生火”“钻木取火”之类的记载或传说。取火方法的发明是人类发展史上一件划时代的大事，是人类对自然界的第一个伟大胜利，表明原始人类对某些自然现象有了一定的认识，并开始学会利用自然规律为自己服务，标志着人类在征服自然的道路上迈出了极为重要而又相当成功的一步。摩擦生火标志着人开始学会掌握支配一种自然力的能力，使人日益从动物界中分离出来。

原始农业和畜牧业的产生和发展。在原始人长达几百万年的采集和渔猎的过程中，对自然界的认识也越来越深刻。他们逐渐发现了农作物和动物的生长规律。在新石器时代早期，原始的农业和畜牧业出现了。从采集到栽培作物，从狩猎到饲养家畜，这些在漫长的劳动中逐渐形成的技术技能对人类社会的发展具有深远的意义，这是人类认识自然和改造自然的又一重大进展。最早的农业被称为“刀耕火种”的农业，那时，赖以进行生产的主要是石器工具和火。随着生产的发展，种植技术进一步提高，到了新石器时代晚期，人们学会了制造和使用木耒、石耜、骨耜、石犁等农具。与此同时，人们也懂得了用拦河截水的办法进行人工灌溉和有意识的人工施肥，于是发展到“锄耕农业”。由于弓箭和磨制石器的使用，人们狩猎的能力大大提高，有时捕获的动物较多，便将动物驯养起来。随着驯养动物种类的增加和驯养技术的提高，畜牧业就逐渐发展起来了。我国黄河流域的原始人，在距今 5400 ~ 6000 年前就已定居，以种植粟类，饲养猪、狗、鸡等为生。农业生产和家畜饲养均以定居为前提。畜牧业与农业的分离，是人类社会的第一次大分工。在原始农业和畜牧业中，包含着许多生物、天文、气象、土壤等自然知识和医学知识。所以，原始农业和畜牧业的产生和发展，不仅使人类的生活有了较好的保障，同时也表明人类对自然界的认识正逐步深入和发展，人类的思维能力达到了一个新的水平。这就为古代科学技术的产生准备了条件。

制陶技术与原始手工业的出现。制陶技术出现在 8000 ~ 9000 年前，制陶技术与火的使用密切联系。有了火以后，人们便开始吃熟食。起初，人们把食物放在木制容器内进行烧烤时，怕把木器烧坏，便在器具外面附上一层黏土，加热使黏土硬化，脱落而成器皿。受其启发，人们联想到用火直接烧制陶器。农业生产的不断发展，使人类的生活渐趋稳定，人们开始构筑居室、编织衣物、制造车船，对日用器具的需求也逐渐增加，制陶技术和原始手工业随之产生和发展了起来。新石器时代晚期，烧窑技术已达到相当高的水平，彩绘工艺亦随之发展起来。当时人们已能烧制厚度仅为 1 ~ 2mm 的“蛋壳陶”。随着制陶业的发展，造就出一批技术高超的手工艺人，这些人专门从事制陶业，逐渐形成了一个专门的行业。这时纺织业产生了，出现了编织席子和渔网、纺织麻布等新的工艺种类，并出现了利用骨针、骨锥缝制器物的工艺，原始手工业得到了进一步发展。

冶金技术发明前，早期原始人只能从自然界获得以自然形态存在的数量极少的纯金属，如黄金和铜。一般认为，冶铜技术开始于原始社会晚期。原始人在制陶时使用木炭以获得更高的温度，无意中把熔点较低的铜从铜矿石中冶炼出来。晚期的冶铜加进了锌和锡，制成青铜。铜比石块软，易成形，一般用于制作装饰品、祭器和武器。到了原始社会末期，手工业从农业中分离出来成为一个独立分支，这是人类社会的第二次大分工。制陶技术和其他手工业技术的发明，使人类开始可以通过自己的方法制成自然界中原来并不存在的物体为自己所用，这是人类社会进程中的又一件大事，它标志着人类技术及技能有了进一步的提高。

孕育于原始观念中的科学胚胎。思维是人脑的正常功能。劳动离不开思维，思维能力又在长期的劳动实践中不断得到发展。与此同时，作为思维工具的语言也相应产生了。劳动不仅创造了人类区别于动物的发音器官，而且和思维一起推动着语言的发展，这是原始思想和观念产生和发展的基础。原始人类在最初的劳动中积累着实际的生产经验，同时也开始对自然现象有了概括性的解释和想象，这样就产生了原始的观念。这些观念反映了早期人类对自然的认识水平，其中大部分是对自然的片面的、点滴的、粗糙的认识，但也含有一些带有科学成分的认识。因此可以说，作为胚胎形态的早期科学既存在于原始技术之中，也孕育于原始观念之中。

大约在距今6000年前，人类社会开始进入奴隶制时代，开始了有文字可考的历史。孕育于原始社会的科学技术，在新的历史条件下快速成长起来了。奴隶制国家的出现，标志着长达300多万年的原始社会的结束，人类开始从野蛮步入文明。随着劳动工具由石器时代向青铜器时代过渡，生产力得到了很大提高，也极大地促进了农业的发展，剩余产品越来越多，从而引起社会的一系列变化。

文字的出现是步入文明社会的一个重要标志。在原始社会没有文字，人们通过结绳记事。随着生产的发展，人们之间的交往越来越多，需要记忆的事物也越来越复杂，于是人们创立了图画文字。世界文字发展史，大致经历了图形文字、象形文字、表意文字、拼音文字这样一个历史发展过程。文字的发明和使用，使经验和知识的传授与继承摆脱了口授身传的局限。有了文字，人类的经验和知识才能被记录下来，科学和文化才能迅速地发展起来，人类才能跨进文明社会的大门。文字的发明既是人类文明发源的条件，也是文明时代开端的重要标志之一。

进入奴隶社会，随着社会生产力的提高，有了剩余产品以后，出现了专门从事脑力劳动的人。脑力劳动从体力劳动中分化出来，为科学文化从技术技能中发展出来奠定了基础。在人类生产、生活和医疗保健需要的推动下，人类开始对周围的世界和自身有了初步的认识和想象，形成了早期的天文学、数学和医学。虽然还带着浓厚的神秘和图腾崇拜的经验性成分，但人类抽象思维的能力和总结概括的能力已经有了很大的提高。与原始社会人类零散的、粗浅的知识相比，这个时期人类对自然的认识已经产生了一个飞跃。在这些萌芽中的科学文化的指导之下，技术技能也以更快的速度在发展。农业生产技术、建筑技术、冶金技术等，都取得了较大发展。在我国夏、商、周三代都有大批从事手工业的奴隶，形成了酿酒、冶铜、炼铁、煮盐、铸钱、制陶、纺织、粮食加工等行业，其中在金属冶炼、制陶、纺织方面取得了较大的技术成就。

经过两千多年的生长发育，到了公元前 7 世纪，以四大文明古国为代表的古代科学技术，开始进入繁荣发展时期。这个时期的科学技术在东西方分别形成两个中心，一是公元前 8 世纪至公元前 1 世纪处于奴隶制社会的古希腊，其科学技术的影响延续到公元前 1 世纪至公元 5 世纪的古罗马时期；二是公元前 5 世纪至公元 15 世纪处于封建制度产生与兴盛时期的中国。

我国古代的技术成就更为突出，造纸术、印刷术、火药和指南针是我国古代闻名世界的四大发明，产生过世界性的影响。造纸术是我国古代劳动人民在漂絮和沤麻的劳动经验中逐步总结出来的。目前发现最早的纸是公元前 2 世纪至公元前 1 世纪西汉时期的灞桥纸，用大麻纤维制成，质地粗糙，不便书写。后来东汉的蔡伦以树皮、竹子、稻草、麦秆等为原料，于 105 年制成了质量较好的纸，造纸业迅速发展起来。18 世纪以前，世界各国都是沿用我国的造纸技术。四大发明不仅反映了我国古代科学技术的先进水平，对我国科学文化的发展也产生了极其深远的影响，而且加速了世界文明的历史进程。

随着西罗马帝国的灭亡，古代西方文明也随之结束，欧洲从此进入长达 1000 年的中世纪。在中世纪前期，教会对人民实行严格的思想统治，一切文化活动都要以宗教教义为准则，否则就会被斥为异端而遭到残酷迫害。学术活动被禁锢，许多典籍被毁掉，科学成为神学的婢女，备受压制和摧残，科学史上将这一时期称为“黑暗时代”。技术在这个时期虽然也有一定的发展，但是比较缓慢。

（二）机器的产生——技术的异化

从 16 世纪到 19 世纪末，是近代科学兴起和发展时期。近代科学技术是在古代科学技术的基础上发展起来的。它一方面继承和发展了古希腊科学技术中最优秀的部分——以欧几里得几何体系为代表的高度理性和逻辑严密的科学传统；另一方面也充分吸取了东方中国、印度和阿拉伯等国丰富的实用科学技术知识。在这 400 年的时间里，自然科学冲破宗教神学的统治获得了快速发展，牛顿和麦克斯韦等人相继建立起经典力学和经典物理学大厦，数学和各门自然科学全面发展，人类因此进入了“科学时代”。随着科学时代的到来，人类的技术技能插上了腾飞的翅膀，加速发展。从 18 世纪中叶到 19 世纪下半叶，世界先后发生了两次技术革命。这两次技术革命极大地改变了西方资本主义经济的技术基础，促进了社会生产力和科学技术水平的极大提高，引起了世界政治、经济、思想文化等方面的巨大变化，同时也为人类科技出现革命式的变革准备了条件。

第一次技术革命。近代第一次技术革命发生于 18 世纪中叶的英国，而后遍及欧洲和北美国家。这次革命以纺织机械的革新为起点，以蒸汽机的广泛使用为标志，实现了工业生产从手工工具到机械化的转变，使以机器为主体的工厂代替了以手工技术为基础的手工工场，从而把人类带进了蒸汽时代。火是人类最先征服的一种自然力，但在蒸汽机发明以前，人类一直局限于利用火本身。18 世纪蒸汽机的发明，使人类第一次实现了把热能转化为机械能，并且还把它扩大到电能、化学能等多种多样的能量形式，成为人类征服自然和改造自然的强大力量。同时，蒸汽动力的广泛应用，带动了纺织工业、机器制造业、冶金工业、煤炭工业、交通运输业的飞跃发展。

拓展阅读

技术技能的创新始于现实生产劳动的迫切需要

第一次技术革命是源于英国的棉纺织业发展的迫切需要。棉纺织业是 18 世纪兴起的新兴行业，投资少、利润多、资金周转快，但由于技术基础薄弱、设备简陋、市场供需矛盾日益突出，进行技术上的革新已成为棉纺织业的迫切要求。

18 世纪 60 年代，棉纺织业中一系列新工具机的出现，揭开了近代第一次技术革命的序幕。1764 年，哈格利沃斯发明了手摇纺纱机——珍妮机，使纺纱效率提高了十几倍，消除了纺纱与织布的劳动生产率之间的不协调。但随着技术上的不断改进，以人力作为动力的珍妮机已经不能满足需求。1769 年，阿克莱特对海斯发明的环铃纺纱机进行了改进，加装了一套传动装置，制成了水力纺纱机，并于 1771 年利用这项专利的收入建起了世界上第一个棉纺工厂。这种水力纺纱机减少了对人力的需求，大大降低了纺纱成本，但与珍妮机相比，它纺出的纱虽然较为结实却不均匀。1779 年，克伦普敦综合了珍妮机和水力纺纱机的优点，发明了骡机。这种纺纱机能生产细而结实的纱线，并且可以同时转动三四百个纱锭。1792 年，在曼彻斯特建立了两座装备骡机的纱厂，1802 年发展到 52 座。马克思称赞自动骡机是“现代工业中一个最重大的发明”。骡机的出现，标志着纺纱机革新的初步完成，纺纱的生产效率进一步提高。

纺纱机的改革促进织布机向机械化过渡。经过一系列革新之后，纺纱业的生产效率大大提高，而织布业却相对落后了，出现了棉纱大量积压的现象，于是人们对织布机械的革新提出了迫切要求。1785 年，卡特莱特发明了用水力推动的织布机，使劳动生产率提高了 40 倍，再次解决了纺与织之间的矛盾。1791 年第一座装配卡特莱特织布机的工厂在曼彻斯特建立。到 1823 年卡特莱特逝世时，这种织布机已在欧洲被普遍采用了。

纺织方面的一系列发明，引起了一系列工序的改革，各种与纺织机械配套的工具机如净棉机、梳棉机、自动卷纱机、漂白机和染整机等纷纷出现，整个棉纺织业很快就完成了由工场手工业向机器大工业的过渡，实现了棉纺织业整个部门的机械化。

随着技术上的进步和劳动生产率的提高，纺织业利润激增，纺织厂像雨后春笋般在河流沿岸建立起来。其他行业也仿效棉纺织业采用机器，沿河兴建工厂。大量工具机和工厂的出现，一方面加快了工业发展的步伐，另一方面也造成了动力的紧张：以水力为动力会受到季节和地区的影响，人力和畜力更受到生理上的限制。此外，当时的燃料矛盾也对动力提出了要求。在这种情况下，制造一种能产生巨大、稳定的动力机械装置，成了当时技术革命的重大课题。于是，以瓦特改进的蒸汽机为代表的动力机就应运而生了。之后，蒸汽机的改进大部分属于机械结构上的完善、效率的提高和适应各种特殊生产部门专门要求的改进，并开始向大功率、高参数、经济、安全、可靠等现代化的方向发展。蒸汽机的出现，大大加速了技术革命的进程，创造了巨大的社会生产力，人类从此进入了蒸汽时代。

第二次技术革命。19 世纪下半叶，资本主义已由自由竞争发展到垄断，资本主义经济以惊人的速度迅速增长。随着机器大工业的大规模出现，工业生产迫切需要快速轻便、灵活多样以及更加强大的动力能源。以电力技术为中心的第二次技术革命在生产的迫切需要和科学理论取得巨大进步的双层背景下应运而生。电机和内燃机的发明与广泛使用，不仅使原有的重工业部门有了进一步的发展，而且推动了电力工业、汽车制造业、电器电机制造业、通信工业、石油工业、有机合成工业等一系列新兴工业的诞生，促使工业生产体系由资本密集型产业向技术密集型产业转变，重工业开始在世界工业中占据主导地位，带动了国民经济的大发展和工业化的实现。这次技术革命所造成的社会生产力的巨大飞跃是第一次技术革命无法比拟的。

拓展阅读

第二次技术革命：科学对技术发展起到指导作用

也就是说，第二次技术革命第一次技术革命不同，它是理论在先，技术在后。19 世纪，由于机器大工业对动力能源提出了新的要求以及蒸汽动力日益暴露出来的局限性，推动了电力技术。也正是近代生产的发展，为电力技术的发展创造了必要的物质技术条件。在第二次技术革命中，从奥斯特发现电流磁效应到发明电动机，从法拉第发现电磁感应定律到发明发电机，从法拉第、麦克斯韦电磁理论到发明无线电，新技术都是在新的自然科学理论的直接指导下创造出来的，然后再运用于生产实践。这充分显示了科学技术对生产的巨大指导作用，而且随着科学技术的日益发展和人们对自然规律认识的日益深化，这种作用日益明显。第二次技术革命为现代自然科学的产生和发展准备了必要条件。1854 年，德国玻璃工人盖斯勒制成了真空玻璃管，人们利用真空管发现了阴极射线。1895 年，伦琴利用真空管发现了 X 射线，1897 年，汤姆生通过实验证实阴极射线就是电子。电子的发现加深了人们对电的本质的认识，使电磁理论发展到了一个新阶段。电力技术促进了一系列新材料、新设备的产生。人们在探索材料的电性能过程中，发现了半导体硒，开辟了半导体技术新领域。为了解决导线绝缘问题，人们发现了杜仲胶这种良好的绝缘材料。为了测量电报芯线的电阻，惠斯通发明了电阻电桥等。

第二次技术革命也促进了科研方式的变革。在第二次技术革命过程中，社会实践已经提出许多复杂的综合性科学研究课题。这些课题需要较多的仪器、设备，需要多科学的社会协作以及较多的研究经费，否则很难进行下去。个人自由研究已经不能适应需要了，一些具有一定规模的集体研究机构便开始出现。1876 年，爱迪生在美国新泽西州的孟洛花园兴建了实验室，它是第一个有组织地进行工业研究的实验室。到 1910 年，该实验室取得了白炽灯、电影、留声机等 1328 项专利，平均每 11 天取得一项专利，后来成为美国通用电气公司的研究所。1871 年，英国剑桥大学建立卡文迪许实验室，它对 19 世纪末 20 世纪初的物理学革命作出了重要贡献，是基础科学领域中第一个集体研究组织。1889 年，美国发明家贝尔成立的专业实验室，于 1925 年发展成为贝尔研究所，它在晶体管、雷达、激光、信息论、阿波罗登月、通信系统等方面作出了杰出贡献，该实验室也被科学界称为最富有创造性的研究室。

第三次技术革命与现代技术革命。现代自然科学的发展为现代技术革命奠定了科学基础。19 世纪末 20 世纪初的物理学革命为技术的发展、工业的革命提供了强大的原动力。在理论自然科学的推动下，20 世纪 40 年代前后，一系列的新技术相继问世，这就为现代技术革命的诞生提供了坚实的物质基础。随着现代物理学的兴起，原子能、超导体、激光、电子技术、各种新材料、航天飞机、遗传工程、人工智能等高技术层出不穷，以至于人们把20世纪称为高技术时代。这又一次凸显了自然科学理论对技术的重要指导作用。20世纪40年代，原子能技术、电子计算机技术和航天技术出现新突破，以信息技术为核心的一系列新兴技术和技术群不断问世，并酝酿着一场新的技术革命。

拓展阅读

现代技术革命

从第一台计算机问世以来，计算机获得突飞猛进的发展。它的高速运算、惊人的信息储存量、自动逻辑判断等特征，已经成为现代社会不可缺少的强有力的科学工具。计算机的运算速度在不断提高，大约每两年就会提高1倍。在仅仅10年的时间内，个人电脑的运算速度就发展为原来的20倍，内存储能力为原来的64倍，磁盘存储能力则提高了500倍。计算机技术与通信技术的结合，将世界紧密地联系在一起。多媒体技术崛起，在信息处理领域掀起了一场革命。计算机发展到20世纪60年代至70年代时，出现了计算机互联网络。

空间技术是探索、开发和利用宇宙空间的技术。至今已有400多人次进入太空。材料科学技术是每个时代的技术基础，更是现代技术的重要基础。目前，世界上有几十万种传统材料，新材料的品种正以每年大约5%的速度在增长。世界上现有800多万种人工合成的化合物，而且还在以每年25万种的速度递增。生物技术也称生物工程，它是在分子生物学基础上建立的创建新的生物类型或新生物机能的实用技术，是现代生物科学和工程技术相结合的产物。随着生物技术的广泛应用，人类的生活会发生翻天覆地的变化。

技术上一次新的突破，在性能上都是一次质的飞跃。科学技术日益呈现加速化发展的趋势，首先表现为科学技术的成果和科学家人数的增长呈加速化的特点。据不完全统计，20世纪前50年的科技成果远远超过19世纪。进入20世纪60年代，大约每隔5年就会有一到几种重大的新技术、新产品问世。1962年，美国科学社会学家普赖斯通过大量统计发现，科学文献每隔10～15年增加1倍，科学期刊种类每60年增长10倍，文摘期刊每50年增长10倍。科学家数量的增长也引人注目。《美国科学家》1971年版本收入的美国科学家人数在20世纪内大约以12.5年为倍增周期，全世界科技人员数量几乎每50年增长10倍，而且层次越高，科学人才的增长速度越快。其次表现为科学技术成果向生产转化的物化速度也在加快，新技术、新产品从研究到实际应用的周期日趋缩短。例如，从发明到投入生产，蒸汽机用了80年，电动机用了65年，电话用了50年，真空器用了33年，飞机用了20年，原子弹用了6年，晶体管用了3年，激光器仅用了1年。进入20世纪以来，科学技术发展中的分化与综合这两种趋势同时加强了，出现了既分化又综合的趋势。人类的知识和各门科学技术就是在分化和综合的循环中不断达到新高度。

现代科学技术发展的趋势，除上述一些特征外，科学、技术、生产的一体化趋势也越来越明显，表现为三者在内涵上交叉融通，衔接更为紧密，在组织形式上出现了三者的综合体。

在资本主义时代，人类的技术虽然进入了机器大生产时代，但是机器的使用并没有让普通劳动人民从农耕时代繁重的劳动中解放出来，相反却带来了科学和技术的异化，从而导致人的异化。

在卓别林的经典电影《摩登时代》中，卓别林饰演的查理是工厂流水线上的一名普通工人，日常工作就是拧机床上的螺丝。工作量大而休息时间又被严重挤压，高强度且毫无人性可言的劳动使得查理精神崩溃。疯了的查理见到一切貌似螺丝的东西都想去拧一下，不管是工友的鼻子还是街头行人衣服上的纽扣，都成了他拿着螺丝刀追赶的对象。这部电影生动地再现了美国20世纪30年代前后普通劳动者真实的生存境遇。

技术的异化造成了人的“非个性化”，致使人的“价值”和“意义”被忽视。人们制造出了像人一样行动的机器，却又培养出了像机器一样行动的人。在资本主义大生产中，人被改造成为物，变成生产和消费过程的附属品。自动化的生产，流水线的作业，标准化的工种，让人的性格、感情、意志等被消磨，变成机器的附属品。

技术的异化让人日益工具化。由于工具理性对技术使用、剩余价值占有的追求，致使人的价值逐渐被忽视，变成了没有思想，没有情感的机器。当生产方式只为了追求高效率和剩余价值，为了物质享受而忘却了人的价值追求，人就被异化为一个为社会创造财富的工具。当人类在享受现代科学技术所带来的各种物质、舒适、安逸和文明的时候，同时也必须注意它所带来的负面影响和它对人的异化。只有这样，人们才能成为科学技术的主人而不是奴隶，才能正确引导科学技术更好地为人类服务。

（三）智能制造——技术向人的回归

科学技术是第一生产力，科技创新是社会发展的根本动力。以蒸汽机和电力的发明、应用为标志的第一次工业革命和第二次工业革命极大地提高了生产力，人类社会进入了现代工业社会。第三次工业革命以计算、通信、控制等信息技术的创新与应用为标志，持续将人类技术技能的发展推向新高度。

智能制造技术是在现代传感技术、网络技术、自动化技术、拟人化智能技术等先进技术的基础上，通过智能化的感知、人机交互、决策和执行技术，实现设计过程、制造过程和制造装备智能化，是信息技术、智能技术与装备制造技术的深度融合与集成。它把制造自动化的概念更新，扩展到柔性化、智能化和高度集成化。

在实际应用中智能制造技术主要包括：机器视觉、指纹识别、人脸识别、视网膜识别、虹膜识别、掌纹识别、专家系统、自动规划、智能搜索、定理证明、博弈、自动程序设计、智能控制、机器人学、语言和图像理解、遗传编程等。

人工智能是未来发展的必然趋势。它将普遍应用于各行各业，不论是生活领域，还是生产领域。在未来的生产制造领域，智能制造将成为普遍的生产方式与制造工艺，就像第一次工业革命之后，蒸汽机代替手工作坊一样。落实智能制造是增强我国制造业国际竞争力的重要路径，也是重塑我国当前制造业格局的现实需要。从企业的角度讲，实施智能制造也是转型升级、可持续发展的必经之路。

21 世纪以来，新一代人工智能技术取得了战略性突破，实现了质的飞跃。新一轮工业革命方兴未艾，移动互联、超级计算、大数据、云计算、物联网等新一代信息技术日新月异、飞速发展，并极其迅速地普及应用，形成了群体性跨越。这些历史性的技术进步，推动新一代人工智能呈现出深度学习、跨界协同、人机融合、群体智能等新特征，为人类提供认识复杂系统的新思维、改造自然和社会的新技术。新一代人工智能技术将继续从“弱人工智能”迈向“强人工智能”，不断拓展人类“脑力”，应用范围将无所不在。新一代人工智能技术与先进制造技术的深度融合，形成了新一代智能制造技术，成为新一轮工业革命的核心驱动力。新一代智能制造将推动形成新工业革命的高潮，将重塑制造业的技术体系、生产模式、产业形态，实现新一轮工业革命。

新一代智能制造中，产品呈现高度智能化、宜人化，生产制造过程呈现高质、柔性、高效、绿色等特征。新一代的智能制造也带动产业模式发生革命性的变化，服务型制造业与生产型服务业大发展，全面重塑制造业价值链，极大提高制造业的创新力。

新一代智能制造将给人类社会带来革命性变革。人与机器的分工将产生革命性变化，智能机器将替代人类大量体力劳动和相当部分的脑力劳动，人类可更多地从事创造性工作；人类工作生活环境和方式将朝着以人为本的方向迈进。智能制造正在通过技术的发展，劳动的进步使人从繁重的体力劳动和技术的异化中逐步摆脱出来，为技术向人的本质的回归，人的全面解放奠定基础。同时，新一代智能制造将有效减少资源与能源的消耗和浪费，持续引领制造业绿色发展、和谐发展。

拓展阅读

新一代智能制造

新一代智能制造是一个大系统，主要由智能产品、智能生产和智能服务三大功能系统，以及工业智联网和智能制造云，两大支撑系统集合而成。

1. 智能产品与制造装备。产品和制造装备是智能制造的主体，其中，产品是智能制造的价值载体，制造装备是实施智能制造的前提。新一代人工智能和新一代智能制造将给产品与制造装备创新带来无限空间，使产品与制造装备产生革命性变化，从“数字一代”整体跃升至“智能一代”。

2. 智能生产。智能生产是新一代智能制造的主线。智能产线、智能车间、智能工厂是智能生产的主要载体。新一代智能制造将解决复杂系统的精确建模、实时优化决策等关键问题，形成自学习、自感知、自适应、自控制的智能产线、智能车间和智能工厂，实现产品制造的高质、柔性、高效、安全与绿色。

3. 智能服务。以智能服务为核心的产业模式变革是新一代智能制造的主题。在智能时代，市场、销售、供应、运营维护等产品全生命周期服务，均因物联网、大数据、人工智能等新技术而赋予其全新的内容。新一代人工智能技术的应用将催生制造业新模式、新业态，实现从以产品为中心向以用户为中心的根本性转变，完成供给侧结构性改革。

4. 智能制造云与工业智联网。智能制造云和工业智联网是支撑新一代智能制造的基础。随着新一代通信技术、网络技术、云技术和人工智能技术的发展和应用，智能制造云和工业智联网将实现质的飞跃。智能制造云和工业智联网将由智能网络体系、智能平台体系和智能安全体系组成，为新一代智能制造生产力和生产方式变革提供发展的空间和可靠的保障。

新一代智能制造内部和外部均呈现出前所未有的系统“大集成”特征：一方面是制造系统内部的“大集成”。企业内部设计、生产、销售、服务、管理过程等实现动态智能集成，即纵向集成；企业与企业之间基于工业智联网与智能云平台，实现集成、共享、协作和优化，即横向集成。另一方面是制造系统外部的“大集成”。制造业与金融业、上下游产业的深度融合形成服务型制造业和生产性服务业共同发展的新业态；智能制造与智能城市、智能农业、智能医疗等交融集成，共同形成智能生态大系统——智能社会。

我国的智能制造市场前景十分广阔，作为制造行业的新战略点，智能制造的市场也会不断扩大。2018 年，我国智能制造业产值规模达到 1.8 万亿。智能制造行业成为驱动我国制造行业发展的主要动力之一。根据国家《中国制造 2025》《智能制造发展规划（2016–2020 年）》等政策，未来几年智能设备将迎来黄金发展时期。智能制造在制造业中的地位将会越来越重要。

二、在劳动中掌握技术

现在的年轻人中有很多的“美食控”“品牌控”“新潮控”“轻奢控”“设计控”，这都反映了人对美好生活品质的追求，这背后也反映了对技术技能崇高境界的追求。我们国家高铁建设的短视频曾刷爆朋友圈，让大家赞叹工程师和建设者神乎其技的高超技艺。临渊羡鱼不如退而结网，神乎其技的技术技能只能在劳动中形成，在参加社会实践劳动中，在消费彰显着时代本质能力的劳动产品的过程中获得。

人类的身体里内化和积淀了人类社会几百万年的发展史。正是作为这样一种历史的积淀，人类才具备了学习现代社会科学文化知识的感官和物质的基础。一个人类的婴儿生活在狼群里可以学会狼的习性，可是一头小狼在人类社会里生活的时间再长也无法学会人的语言、现代文化知识。人的生命机能只有在劳动中，在创造人化自然的过程中，在使用和消费凝聚着人的本质力量的劳动产品时，才能形成代表着人的时代本质和能力的技术技能。马克思主义哲学认为人的本质在其现实意义上是一切社会关系的总和。脱离了社会实践活动的人不可能获得所属时代的技术技能。

人只有在社会实践劳动中，在使用和消费凝聚着人的本质力量的产品时，人的沉睡的本质才会被重新唤醒。青少年在成长过程中，应该最大限度地学习人类文明的成果，尽可能地参与到社会实践劳动之中。“读万卷书、行万里路”，是古人消费精神食粮和参与社会实践的智慧总结。年轻人在提升自己技术技能、习得能力的时候，要积极地参加凝聚了这个时代本质能力的实践劳动活动，努力地、大量地去学习接触各种先进的本时代的学术，科技的成果、产品，不断地消费和使用。在这样一个过程中不断地提高自身的本质能力。

第三节　技能及其形成过程

“实在太幸运了！”得知自己可以免试去吉首大学读本科，长沙民政职业技术学院老年服务与管理专业的曹炀觉得这是一份难得的荣誉。作为全国职业院校技能大赛一等奖的选手，她曾经历过一轮又一轮技能考验。回想一年前备战国赛的时光，这个1999年出生的姑娘用“刻骨铭心”来形容，每天超过14个小时训练，在实训室里不间断操作，最终在全国比拼中脱颖而出。这一切都源于2020年7月湖南省在“专升本”过程中首次推出的“新政”——高职专科应届毕业生在校期间获得世界技能大赛、中国技能大赛和全国职业院校技能大赛一、二、三等奖和全省职业院校技能竞赛一等奖的同学，具有“专升本”推荐免试资格。据统计，政策实施以来湖南全省44所高职院校的540名学生，获得了免试读本科的资格。毫无疑问，这些“技能高手”在高等职业院校属于“凤毛麟角”，仅占2020年湖南全省高职专科毕业生的0.29%。他们将来本科毕业后，理论基础更加扎实、专业能力更加强劲，更利于成长为各行各业的高素质技能人才。

同学们，你想成为像曹炀一样的幸运儿吗？曹炀的成功带给我们哪些启示？

一、认识劳动职业技能

劳动是人类社会生存和发展的基础，是人维持自我生存和自我发展的唯一手段。按照传统的劳动分类理论，劳动可分为脑力劳动和体力劳动。但无论是脑力劳动还是体力劳动都会在长期的实践练习中产生相应的劳动技能，而劳动技能的产生和发展，又进一步提高了劳动的质量和效率，促进了生产力的发展。

劳动职业技能是指岗位在生产过程中对劳动者素质方面的要求，主要反映岗位对劳动者技能要求的程度。它在本质上是人的劳动能力，这种劳动能力包括人的体力能力、智力能力和心理能力。

劳动职业技能包括一般劳动职业技能和专门劳动职业技能。一般劳动职业技能是劳动者从事一般工作的能力，是劳动职业技能的基础；专门劳动职业技能是劳动者的独特能力，是创造财富的核心能力。一般来说，劳动职业技能对财富创造的贡献度越大，其价值也就越高，反之亦然。

二、科学技术的进步是技能提升的内在要求

相当长的时期内，我国的经济增长主要是资源、资金及劳动力等要素的高投入所推动的外延式、粗放式的增长，这样的工业化道路再次见证了发达国家早期工业化过程中经济效益低、资源过渡耗费、环境污染严重等诸多弊端。降低物质资源的投入数量，提高物质资源的利用效率，提高生产的科学和技术含量，建立新的经济增长模式，已经成为当务之急。要走一条科技含量高、经济效益好、资源消耗低、环境污染少的可持续发展道路，我们不但需要科学和知识，而且需要技术和技能。科学和知识是生产力，技术和技能同样是生产力。

经济增长原动力是技术进步，先进技术只有应用于实际生产，才能产出先进的产品，使得整个经济从先进技术中获益。但是，这种生产必须要有适当劳动力的配合。技术越先进、设计越复杂，那么实际从事生产的劳动力掌握这种技术的难度就越大，对劳动力素质和技能的要求也越高，如果劳动力的技能达不到技术的相应要求，那么技术向产品的转化就不会顺利实现。

发展中国家技术缺乏可以引进技术，但是，技能劳动力的缺乏却不可能通过引进来解决。技能人才是科技向生产力转化过程中的枢纽性角色。只有依靠他们的实际操作，先进的科研成果才能转化为有竞争力的产品，企业的每一项创新发明、每一次产品升级，都是以技能人才的智慧和劳动为基础的，他们的这种作用是其他类型的高级人才所无法替代的。统计数据和频繁的新闻报道都传递给我们同样一个信息：我国目前技能人才严重短缺。然而，现在摆在我们面前一个很现实的问题是，技能水平较差、供求之间的缺口和技能人员整体素质偏低已经成为制约第二产业，特别是制造业发展的“瓶颈”。由于技能人员短缺，有的企业虽然成功开发了新技术，却无法投入大规模生产，引进了先进技术却无法转化为现实生产力，有时还常常使现有技术工艺的性能得不到有效发挥，如产品数量与质量合格率、能源消耗率、设备完好率等指标达不到技术要求。

三、时代呼唤高技能人才

国家兴盛，人才为本。目前，我国正处在全面建设小康社会的关键时期。加快科技发展、推动经济振兴和社会进步，从根本上取决于劳动力素质的提高和大量高素质人才的培养。技能人才尤其是高技能人才，是我国人才队伍的重要组成部分，是我国社会主义现代化建设的重要力量。

（一）高技能人才的定义

高技能人才是指在生产、运输和服务等领域岗位一线，熟练掌握专门知识和技术，具备精湛的操作技能，并在工作实践中能够解决关键技术和工艺的操作性难题的人员。包括技能劳动者中取得技师和高级技师职业资格及相应职级的人员，主要分布于第一、第二、第三产业中技能含量较高的岗位。他们是我国人才队伍的重要组成部分，是各行各业产业大军的优秀代表。

（二）高技能人才的特征

（1）高超的动手能力。动手能力是所有技能人才共有的特征。但是，只有高技能人才才能称得上“技艺超群”，这也是高技能人才最显著的职业形象特征。现代高技能人才高超的动手能力不再只是传统的“手艺”和某些“绝活”，而是通过技能教育和培训获得更多的现代化理论知识，成为“手脑联盟”的技能劳动者，这种“手脑联盟”将是知识经济社会高技能人才的时代特征。

（2）突出的创造能力。创造性是一切人才的共同特征。高技能人才的创造性主要表现为在相关技术领域中的创新能力，如工艺革新、技术改良、流程改革及发明创造。日常关于这方面的实例举不胜举。心理学研究表明，人是有创造能力的，但不同的人创造能级不同。一般来说，初、中级技能人才主要是掌握熟练技术，从事的是熟练劳动，熟练劳动主要是动作技能的重复。高技能人才则较多地掌握了精密技术，从事的是较复杂的劳动，其心智技能化的程度较高。不仅如此，高技能人才的创造能力还具有个性化特征。

（3）极强的适应能力。高技能人才有适应工作岗位变动的能力。这种适应能力不仅表现在对同专业（工种）工作岗位的流动方面，也表现在对邻近专业（工种）工作岗位的流动方面。相比之下，初、中级技能人才的岗位适应性远不及高技能人才。

总之，高技能人才掌握专门知识和技术，具备高超、精湛的操作技能，对于提高企业竞争力实现技术创新和科技成果转化，具有不可替代的作用；他们立足平凡的工作岗位，刻苦钻研知识和技术，执着追求，不断进取，铸就了岗位成才的辉煌；他们善于思考、勇于创新，以非凡的胆识和才智，成功解决了大量复杂的技术问题在生产高精度、高难度的先进产品和创造国际领先技术等方面，做出了杰出的贡献；他们心系国家，爱岗敬业以高度的责任感投入自己从事的工作，用无私奉献谱写出壮丽的人生篇章。他们是当代中国产业工人的优秀代表，从他们身上，我们可以看到技能人才的时代风貌，感受到技能强国的意志和决心。

（三）我国高技能人才需求现状

高技能人才是一个国家核心竞争力的体现，大批具有高超技艺和精湛技能的高技能人才是我国的产业升级和产业链提升的人力资源保证，是增强我国核心竞争力和自主创新能力、建设创新型国家的重要举措。

近年来，由于我国经济的快速发展，特别是农业产业化、新型工业化和服务现代化对技能型人才的需求强劲，出现了技能型人才紧缺的现象，而且在有些地区和行业呈现愈演愈烈的趋势，技能型紧缺人才问题已成为制约我国经济发展的“瓶颈”。

2014 年，管理咨询公司麦肯锡曾报告，随着经济结构的进一步转型和调整，中国对高技能人才的需求正飞速增长。到 2020 年，如果劳动者的技能不能进一步得以提升，中国将面临 2400 万的人才供应缺口。如果中国到 2020 年成功填补这一缺口，那么中国的 GDP 将可望实现 2500 亿美元的增长，比中国香港或以色列的经济总量还大。然而，2019 年 8 月，中共中央政治局常委、国务院总理李克强在黑龙江省牡丹江市、哈尔滨市考察时，表示我国技能型人才缺口高达 2000 万。目前，我国技能型人才紧缺主要表现在以下两个方面：

（1）技能人才总量不足

截至 2019 年，我国全国的就业人员有 7.7 亿人，技能劳动者总量 1.65 亿人，但仅占全国就业人员总量的 21.3%，其中高技能人才 4791 万，仅占全国就业人员总量的 6.2%。而同期的日本高级技工占比 40%，德国则达 50%。这种现状不仅严重影响了我国经济结构调整和适度重型化战略的实施，也极大地影响了企业的核心竞争力。

（2）技能人才结构不合理

我国高技能人才分布在国有大中型企业的多，民企和中小企业的少，传统机械加工类工种多，新型产业和现代制造业少。有 40% 以上的技师、高级技师年龄超过 46 岁，人才断档问题比较突出，年轻高技能人才严重短缺。此外，在我国总体劳动力供大于求的状况下，求职者中技能人才所占比例偏低，人才结构不合理，技能型人才的短缺实际上也是一种结构性的失衡。这不仅严重制约了产业结构的调整升级，同时也影响了经济的进一步可持续协调发展。

（3）供需矛盾十分突出

近年来，我国技能劳动者的求人倍率一直在 1.5 以上，高级技工的求人倍率甚至达到 2 以上，供需矛盾十分突出。之所以出现“技工荒”，主要是因为技能人才培养模式滞后于经济社会发展，难以满足工人对技能培训的需求，这也制约了大国工匠的规模化生产。

四、我国高技能人才培养措施

美国著名管理学家彼得·杜拉克认为，技术人员是发达国家所能拥有的最实际、最能带给国家最长远竞争优势的一群人。大力加强高技能人才队伍建设是我国实现制造大国向制造强国转变、实现经济转型、实现中华民族伟大复兴中国梦、实施人才强国战略的一项迫切任务。

（一）出台政策、提高待遇

2016 年 3 月，中央印发《关于深化人才发展体制机制改革的意见》，提出要大力培养支撑中国制造、中国创造的技术技能人才队伍。2016 年 11 月，国务院印发《“十三五”国家战略性新兴产业发展规划》，提出“坚持人才兴业”原则，加大力度培养和吸引各类人才，弘扬工匠精神和企业家精神。2016 年 12 月，人力资源和社会保障部印发了《技工教育“十三五”规划》。全国 31 个省份和新疆生产建设兵团均出台了《职业技能提升行动方案（2019—2021 年）》的实施方案。中共中央办公厅、国务院办公厅印发的《关于提高技术工人待遇的意见》中的举措也已在不少地方和企业得到落实。

截至目前，全国共表彰 260 名“中华技能大奖”获得者和 3028 名“全国技术能手”，共有 2729 名高技能人才享受国务院政府特殊津贴。一批优秀高技能人才在各地享受落户、购房等人才福利政策，经济收入逐年提高，社会美誉度也大大提升。有的企业为高技能领军人才制定职业发展规划，试行年薪制、股权期权激励，按实际贡献给予绩效奖励，部分技术岗位经济待遇达到甚至超过高级管理人员。

2019 年底，中共中央办公厅、国务院办公厅印发《关于促进劳动力和人才社会性流动体制机制改革的意见》提出“拓宽技术技能人才上升通道。推进职业资格与职称、职业技能等级制度有效衔接”“支持用人单位打破学历、资历等限制，将工资分配、薪酬增长与岗位价值、技能素质、实绩贡献、创新成果等因素挂钩”。除此之外，国家还提出加快学历证书和职业技能等级证书互通衔接，据人力资源和社会保障事业发展统计最新公报显示，2019 年全年共有 1075.9 万人次参加职业技能鉴定，861.9 万人次取得职业资格证书，其中 28.4 万人次取得技师、高级技师职业资格。这些举措对技术工人就业、晋升意义非凡。

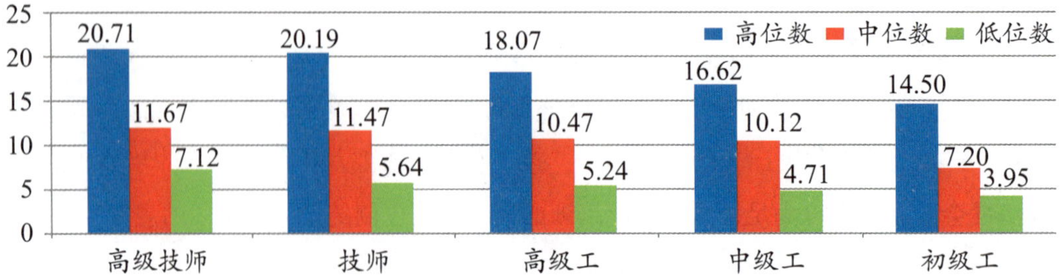

各类技能人才工资水平（万元）

拓展阅读

2019年8月底，在俄罗斯喀山举行的第45届世界技能大赛上，来自江西省电子信息技师学院的选手肖星星参加了电气装置项目，斩获金牌，实现了我国在该项目世界技能大赛上零金牌的突破。

2014年6月，中考失利的肖星星选择了电子技术应用专业并暗下决心，掌握扎实的技术技能，改变自己的命运。课堂上，肖星星总是最认真的一个，到周末就一头扎进技能学习的实训场地。肖星星的导师赖勋忠说，当初肖星星选了自己主讲的选修课，“他特别刻苦，自主学习能力很强。这一点给我印象很深”。

他每天早上5点多就起床，在操场跑步5公里，然后学1小时英语。早上9点，肖星星的训练时刻正式开启：安装器件、线槽桥架和管路，设计电路，敷设电缆，电气箱接线，安装开关面板和灯具，KNX箱接线，连接电缆。接下来是通电，编程，调试，最后排除电路故障。肖星星既需要在环境内大范围跑动，又需要在安装部件时精细准确。实训室六面有五面封闭，加上穿戴着各项防护用具干活，说是“蒸桑拿”一点也不为过。就在这样的环境下，他每天的训练时长都超过12小时。

“完美地做好了作品，并且做得比别人好，我享受这个过程。”肖星星说，他享受每次训练完大汗淋漓的感觉，享受安装调试成功的喜悦。成就完美作品的背后是对工艺细节的精益求精，是周而复始地做好同一件事。误差控制在1毫米、控制线路安装出错率为零……肖星星说：“我布下的线要用50年以上。”

“我是个幸运儿，赶上了尊重劳动、崇尚技能、争当技能人才的好时代，让我有了人生出彩的机会。”肖星星笑着说。

（二）积极开展职业培训

2018年5月，国务院印发《关于推行终身职业技能培训制度的意见》，提出“围绕建立并推行覆盖城乡全体劳动者、贯穿劳动者学习工作终身、适应就业创业和人才成长需要以及经济社会发展需求的终身职业技能培训制度”并从构建终身职业技能培训的体系、深化职业技能培训的改革、提升职业技能培训基础能力、加强工作的保障等四个方面提出了有针对性的政策措施。

2019年5月，国务院办公厅印发《职业技能提升行动方案（2019−2021年）》，提出“三年共开展各类补贴性职业技能培训5000万人次以上”的目标。

（三）大力发展职业教育

英国经济学家巴洛夫认为“发展中国家的职业教育与经济发展是相辅相成、相互促进的”，联合国教科文组织在《关于职业技术教育与培训的第二届国际大会的建议》中指出：“21 世纪的经济与社会将发生翻天覆地的变化，这就是要使更多的人接受职业教育，使职业教育能够满足人才资源开发的需要并能促使人们有效地进入工作世界”。

我国高等职业教育是一种培养应用技术性和高级技能型人才的有效教育类型。教育部《关于加强高等职业教育人才培养工作的意见》明确提出了高职高专教育人才培养模式有六条基本特征，其中之一就是以社会需求为目标、技术应用能力的培养为主线培养适应生产、建设、管理、服务第一线需要的高等技术应用性人才。

2014 年 6 月，国务院印发的《关于加快发展现代职业教育的决定》中明确指出加快发展现代职业教育，对于深入实施创新驱动发展战略，创造更大人才红利，加快转方式、调结构、促升级具有十分重要的意义。要求坚持以立德树人为根本，以服务发展为宗旨，以促进就业为导向，适应技术进步和生产方式变革以及社会公共服务的需要，深化体制机制改革，统筹发挥好政府和市场的作用，加快现代职业教育体系建设，深化产教融合、校企合作，培养数以亿计的高素质劳动者和技术技能人才。

五、技能的形成离不开生产劳动

（一）从生产力发展趋势来看

随着生产力的不断发展，科学技术的不断进步，技能性和创造性强的劳动日益彰显。曾经有很长一个时期，记账采用算盘作为计算工具，使用算盘的能力是一种重要的技能，因此打得一手好算盘是当时的一技之长。但是随着技术的发展，出现了新的计算工具电子计算机，电子计算机作为换代工具彻底取代了算盘，这一技术进步带来了该领域技能的失效，即打算盘的能力不再是一种需要的技能。用手工工具锉制一个高精度的平面，需要高超的技能，只有少数经过专门训练的师傅才能完成，但是用数控机床加工这一平面，所需要的技能就会简单得多。这样的逻辑，在工作与职业的各个领域都得到了充分表现，技术使人参与生产与服务变得更为简单。但是技术进步是一种必然趋势，技术进步总是不断催生出各种新的工具，越来越多的技能在消失，越来越多的复杂技能变得更为简单。具体的技术在变、工具在变、技能在变，但是劳动的本质不会变。因此，高技能人才的培养在新时代必须做出战略性的转变，即由培养人与“工具”的关系为主，转变为培养人与“劳动”的关系为主。人们通过劳动，可以实现与各种资源的协同，更好地发挥身体的机能，服务社会并获得个人的尊严。

（二）从技能构成要素来看

在高技能人才的培养中，仅强调扎实的基本理论、广博的基础知识是片面的。因为从构成高技能人才的基本要素——知识、能力和素质的获得和形成过程看，“基本理论”和“基础知识”只是“基本技能”的支撑和依托，是为“基本技能”的掌握和获得服务的，而技能培养离不开劳动实践，需要一定程度的真实环境和实践过程的配合。实践能力的培养离不开各种各样的实际训练、只有通过真实的训练过程并经过经验总结才能提炼出具有真实意义的策略、手段与方法。我国历史上从来就不乏能工巧匠，如木工鼻祖鲁班、游刃有余的庖丁、从钱孔中沥油的卖油翁等。在江苏，栩栩如生的白玉青菜让人们知道了扬州工的巧夺天工，“寸锦寸金”的云锦让人们见识了南京织造的天下无双。技术达到一定层次，便成了艺术，这一切都离不开精益求精、追求卓越、“十年磨一剑”的执着劳动。由此可见，高技能人才的培养必须改变“黑板上学技能，教室里讲操作”的误区，突出实习和实践教学，重视劳动并热爱劳动。

拓展阅读

錾刻大师——孟剑锋，在北京 APEC 会议上送给外国领导人的国礼之一，《和美》纯银丝巾果盘，是他的惊世杰作。他錾刻的作品精美非凡。在只有 0.6 毫米的银片上，经过上百万次的精雕细琢才打造出的丝巾，由于过于逼真，让人看后情不自禁想伸手触摸。航天英雄、奥运优秀运动员、汶川地震纪念等奖章也都是出自孟剑锋之手，能做到上百万次的錾刻敲击零失误，让人折服，让人惊叹。完美和卓越的工艺就是靠毅力和意志以及专注和辛勤的劳动创造的。

（三）从技能形成途径来看

从哲学的视角看，技能形成的途径可以归结为两个方面：一是间接经验的手段，即通过学习前人总结的知识和技术来提高自身的技能，如通过职业教育、在职培训等方式。二是直接经验的手段，即通过总结自身实践中成功经验和失败的教训来提高自身的技能。

1. 间接经验

自亚当·斯密以来，经济学的一个重要原理就是，劳动分工是人类经济文明的福祉，通过人类社会的劳动分工，社会经济得以繁荣，人类福利水平得以不断提高。人类劳动分工的一个重要方面就是由劳动者从事的工作内容不同所引起的分工，因此，社会劳动分工本身形成了对不同职业劳动力的需求。不同的职业，包含着劳动内容、劳动形式的差别，差别往往很大，它们之间难以替代。对于体力劳动的职业来说，要考虑劳动作业的操作程序、使用的工具、设备及原料、所生产的产品、提供服务的种类及服务的对象。对于脑力劳动的职业来说，要考虑特定岗位所需要的技能、学识、经历等。因此，社会分工对劳动力需求的职业特定性很强，必须要有相应种类的劳动力供给才能满足，而职业教育正好能够根据经济对劳动力规格的不同需求，为个体提供更好、更适合经济发展的知识和技能，这些都属于间接经验。当这些知识技能通过劳动力市场进入生产过程，就可以提高劳动生产率和降低生产资料消耗率，从而促进经济增长。

职业教育在技能型人才培养上的显著优势。

第一，职业教育既对学生进行一般知识技能的传授，又对学生进行专业化的教育，形成专门领域的职业技能。

第二，现代职业教育在教学体制上更强调与生产实践的紧密结合，注重实践性教学，各种实验实训场所、校内外实践教学基地的建设，非常有利于提高技能型人才培养质量。

第三，由于职业教育是有目的、有计划、有组织地开展教学活动，有较高素质和经验的教师队伍，因此，学习者技能的形成与积累相对而言是高效的，可以更好地适应现代经济对大量应用型人才的需求。

由此可见，职业教育中无论是传播的知识技能还是实验实训等实践教学，甚至教师教学水平的提高无一例外都产生或依赖于劳动实践。技能的形成离不开生产劳动。

2. 直接经验

经济学家卢卡斯认为，技能的形成通过脱离生产的正规、非正规学校教育，使经济活动中劳动者的智力和技能得以提高，从而提高劳动者的劳动生产率，这是第一阶段；技能形成的第二阶段是“干中学”，通过劳动中的实际训练和经验积累来增加技能。前者产生内在效应，而后者产生外在效应。

所谓“干中学”，是现代经济学理论的奠基人、著名经济学家肯尼斯·约瑟夫·阿罗于 1962 年发表的《干中学的经济含义》一文提出的著名理论。学习者在实践中，通过总结自己成功的经验和失败的教训，以及直接向同行中的优秀者学习，而提高自身技能的过程，是一种边劳动边学习的技能形成方式。通俗地讲，就是干得越多，经验越多，技能水平也就越高。个体在劳动中发现问题，通过学来解决问题，通过边劳动边学习可以降低工作和学习成本，提高工作绩效。人们在劳动中积累了经验，经验可以促进新问题的发现，新问题带来方法和经验，由此不断循环积累，可以有效增加个体的知识和技能存量。

技能的获得与个体长时间的个人实践、领悟和积累是密不可分的。技能的获取需要学习者不断地练习和强化，这个过程本身就意味着技能形成的连续性，即在技能的形成过程中不能急于求成，必须遵循科学规律。认知心理学认为，技能的形成，常以知识领会为基础，但知识领会不等于技能的形成，其中起决定作用的是技能训练和实践锻炼。技能的形成是有阶段性的，主要分成以下几个阶段：

第一，认知阶段。在任何新动作学习之前，学习者都要通过指导者的言语讲解和观察别人的示范动作来领会技能的基本要求，掌握技能的局部动作。

第二，分解与连锁阶段。整套或程序较复杂的技能可分解成单个动作进行练习，这样易于掌握。接着，行为主体可将所有单个的动作一个不少地连起来进行学习，使动作连续和完整。再经过多次练习和变式练习，逐步减少和消失多余动作、遗漏动作和各种动作之间的干扰现象，让各种动作向准确和灵巧过渡，使上一个动作的结果成为下一个动作的刺激，即技能的陈述性知识转化为程序性知识。

第三、自动化阶段。学习者对整套技能操作起来得心应手，动作以肌肉运动感觉依据进行控制，一个动作完成以后下个动作自然地随之而来，规则完全支配人的行为，即技能达到熟练化。

例如，打字技能的掌握，初学时最忙的是眼睛，既要看文稿，又得用眼睛在键盘上费力寻找每个笔画或字母，还要注意打错字。而技能掌握后，手的动作替代了视觉控制打字动作，这时眼睛的作用只在对付个别生疏字和文稿。又如，织布工人接线头和某些工种的装配技能，开始时眼睛必须死死盯在操作动作上，以后随着操作技能的提高，触觉、动觉替代了视觉，由此动作灵活了、加快了，也使工人有更多精力去照管生产全过程。

第四，灵活运用阶段。技能在定型化（稳定性）的基础上，学习者能根据情况的变化，掌握应用技能的有关概念和规则支配与调节自己的行为，灵活、迅速而准确地完成技能，并能运用技能进行创造性地劳动以及在劳动中创造性地使用技能。

例如，某一工种的老手和新手，其不同之处常常在于：老手善于根据具体条件，对已经掌握的技能动作进行重组来完成任务，而新手则难以做到。这表明老手在技能的灵活运用上优于新手。技能的灵活性建立在技能掌握的基础上，并随技能熟练程度的提高而提高。

拓展阅读

一万小时定律

作家格拉德威尔在《异数》一书中指出："人们眼中的天才之所以卓越非凡，并非天资超人一等，而是付出了持续不断的努力。一万小时的锤炼是任何人从平凡变成超凡的必要条件。"这就是"一万小时定律"，英国神经学家认为人类脑部确实需要这么长的时间，去理解和吸收一种知识或者技能，然后才能达到大师级水平。顶尖的运动员、音乐家、棋手，需要花一万小时，才能让一项技艺至臻完美。可能有人会问：“这一万小时是怎么来的呢？为什么不是其他的数字？”其实这是有根据的，格拉德威尔曾对音乐家、运动员等领域的人员进行过研究，他发现若每周练习 20 小时，大概每天 3 小时，需要练习 10 年才会取得成功，也就是一万个小时。20 世纪 90 年代初，瑞典心理学家安德斯·埃里克森在柏林音乐学院也做过调查，学小提琴的大约都从 5 岁就开始练习，起初每个人都是每周练习 2、3 个小时，但从 8 岁起，那些最优秀的学生练习时间最长，9 岁时每周 6 小时，12 岁时 8 小时，14 岁时 16 小时，直到 20 岁时每周 30 多小时，共 1 万小时。

由此可见，技能形成的一般发展过程是，随着训练的增加和实践的反复，动作技巧和能力会迅速提高，表现为许多局部动作联合成一个完整的动作系统，认识活动的各个环节逐步连成整体，进而表现在动作上的迅速加快，以及动作的准确性、稳定性、灵活性和思维活动的敏捷、广度、深度与独立性上。到了技巧阶段，则表现为视觉的减弱，动作紧张性的消失，能在生产中灵活运用技能。很显然，技能是人才在生产活动中逐渐形成的，离开了劳动实践就不可能产生和提高技能。

在知识经济时代，随着知识和技能的淘汰速度的加快，在职培训或专门的职业教育很大程度上无法跟上瞬息万变的新知识和新信息的节拍。可以这样说，当人们结束正规学校教育，走向社会参加工作后，在劳动实践中实现“干中学”就成为技能形成最主要的手段。

课后思考

1. 简述技术与技能的特征与种类。
2. 技术与技能之间存在什么关系？
3. 结合技术的发展历程，谈谈为什么说技术只能在劳动中形成。
4. 结合自己的专业，谈谈自己所掌握的技术和技能。
5. 根据我国高技能人才培养措施，谈谈自己对未来的职业规划。

【实践活动设计】

探究常见劳动工具的发展史

劳动工具是人们在生产过程中用来直接对劳动对象进行加工的物件。它被用于劳动者和劳动对象之间，起传导劳动的作用。制造和使用生产工具是人区别于其他动物的标志，是人类劳动过程独有的特征。工具的制造与发明是人类社会发展与进步的标志，无论是原始人的石斧、弓箭，还是现代化的各种各样的机器、工具、技术设备，都将人类的双手解放出来，极大地推动了社会生产力的发展。

马克思说：“手推磨产生的是封建主为首的社会，蒸汽磨产生的是工业资本家为首的社会”。劳动工具的每一次变革，都带来了划时代的生产方式的变革，并随之带动社会形态的变革。请你和同学一起选择 1 ~ 2 件生活中常见的劳动工具，制作其发展的年代尺，探究它的发展历程，发现其中的变化特征，感受劳动是如何创造历史，创造人，促进社会进步的。

__________________发展年代尺

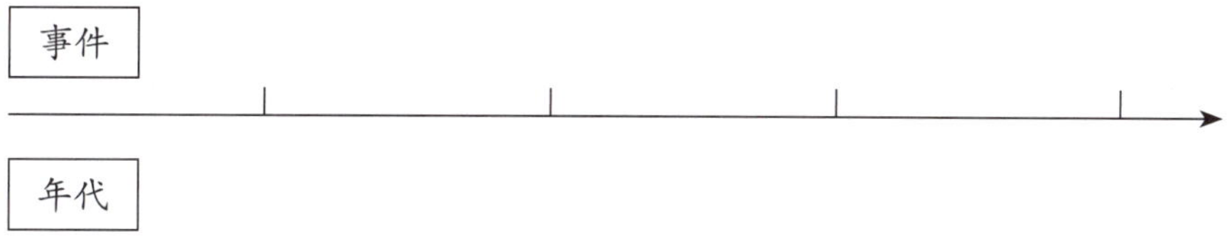

> 绘制年代尺是我们归纳整理历史知识的重要方法之一，年代尺绘制方法：
> 1. 根据需求确定起止时间。
> 2. 选取合适的时间刻度。
> 3. 注明历史时间和事件。

科学决不是一种自私自利的享乐。有幸能够致力于科学研究的人，首先应该拿自己的学识为人类服务。

——马克思

如果人只是为了自己而劳动，他也许能成为有名的学者、绝顶的聪明人、出色的诗人，但他绝不可能成为真正的完人和伟人。

——马克思

第五章 大国工匠、劳动模范都是时代楷模

本|章|导|读

先进文化引领时代航向，优秀精神彰显时代价值。党的十八大以来，习近平总书记在一系列重要讲话中，深刻阐述了劳模精神和工匠精神的丰富内涵和重大意义。党的十九大报告明确提出弘扬劳模精神和工匠精神，营造劳动光荣的社会风尚和精益求精的敬业风气。

本章阐述了劳模精神与工匠精神的内涵与发展，并通过介绍各行各业劳动模范、大国工匠的先进事迹，从敬业、精益、专注、创新等角度对劳模精神和工匠精神进行了诠释。

通过本章的学习，我们希望同学们在劳动中树立奉献意识、精品意识、责任意识、创新意识，在岗位上钻研自己的技术，练就自己的绝活，心有精诚、手有精艺、必出精品。

第一节　时代呼唤大国工匠、劳动模范

工匠精神和劳模精神是中国特色社会主义事业的内在支撑。弘扬工匠精神和劳模精神反映了新时代对工匠精神和劳模精神回归的迫切需要，也是传承中国传统文化、推动供给侧结构性改革、实现中国梦的现实要求。

一、工匠与工匠精神

（一）工匠与工匠精神的内涵

“工匠”一词最早见于《庄子》。“工”是一个象形字，是一种在筑墙的时候使用到的夯杵的样子。《论语·卫灵公》中有“工欲善其事，必先利其器”，这里的“工”是指使用工具干活的人。在中华文明的发展历程中，被尊为中华“人文始祖”的黄帝就是一位典型的工匠。据说他发明创造了衣裳、生产工具、房屋、车船、音乐、阵法等；而另一位始祖炎帝尝百草，发明了医药，制耒耜，种五谷，做陶器等；被称为“木匠鼻祖”的鲁班发明了曲尺、墨斗、刨子等。随着历史的发展，工匠的含义越来越广泛，从狭义上来看，工匠就是对从事各种手工艺人的总称；从广义上来看，工匠不仅仅是指手工艺人，凡是从事一定职业的劳动者中的佼佼者都可以称其为工匠。

黄帝发明的指南车

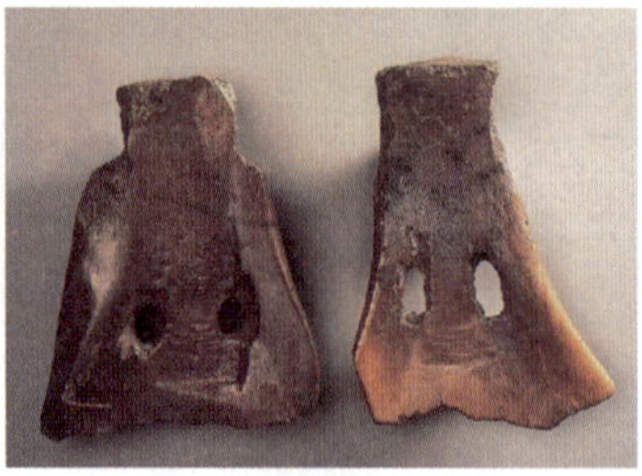

炎帝发明的耒耜

鲁班尺

工匠精神，本指手艺工人对产品精雕细琢、追求极致的理念，即对生产的每道工序、对产品的每个细节都精益求精、力求完美。2016 年 3 月 5 日，李克强总理在十二届全国人大四次会议上所做政府工作报告中提出：“要鼓励企业开展个性化定制，柔性化生产，培育精益求精的工匠精神。”弘扬和培育工匠精神，将对我国的经济社会发展、中国制造的未来走向和人才培养模式产生深远的影响。工匠精神即为工匠的职业价值取向和行为表现，任何行业、任何人“精益求精、力求完美”的精神都可称为工匠精神。在建设制造强国、培养高技能人才、实施个性化生产、打造全产业联动等产业变革大背景下，爱岗敬业、精益求精、执着专注、创新进取成为新时代工匠精神的内涵。

工匠精神是我国传统文化的重要组成部分。中国拥有五千年的灿烂文明，是四大文明古国之一。从最初手工业从农业中分离，有了专门靠手艺养活自己的手艺人以来，工匠精神就已经开始在中国萌芽发展，那种专注、坚持、一丝不苟、精益求精的精神，从古至今就是中国的民族气质，是民族优秀传统文化的具体展现，彰显着大国风范，世界情怀。

习近平总书记在十九大报告中明确指出，中国特色社会主义进入了新时代。干一番事业往往离不开工匠精神。“中国特色社会主义进入新时代，我国社会主要矛盾已经转化为人民日益增长的美好生活需要和不平衡不充分的发展之间的矛盾。”随着社会的发展，生活水平的提升，人们不再仅仅满足于“吃饱穿暖”，而是越来越注重生活的品质。在新时代大力弘扬工匠精神，将大大促进各行各业的发展，响应时代的号召，创建美好生活，进而满足人民对美好生活的向往和促进平衡发展。新时代的工匠精神更加注重创新，更加贴合建设创新型国家的需要，具有重要的时代价值。

工匠精神也是一种实干精神，它来源于实践并且指导实践、应用于实践。在各行各业的生产实践中，工匠精神更是具有指导意义。我们要建设一个创新型国家，提倡“大众创业，万众创新”，作为新时代大学生，我们更应该参与到创新创业当中去，为创新型国家贡献一份自己的力量。工匠精神是一种高尚的敬业精神，敬业是对待职业的基本态度，我们作为即将进入职场的大学生，必须具备这一基本职业道德。

（二）工匠精神的发展

我国工匠精神发展历史悠久，从萌芽到发展经历了漫长的演变过程。在新石器时代，劳动分工的细化和劳动工具的改进为工匠的出现创造了条件。为了发展种植业，提高粮食产量，需要大量砍伐树木和开垦荒地，人们需要使用越来越多的石器和木制品工具来工作。正是为了满足这一重要需要，越来越多的人从事这方面的手工劳动，久而久之，社会上出现了专门从事该类手工生产的工匠。在《诗经》中有诗句“如切如磋，如琢如磨”，反映了当时制作玉石器皿时细致考究的工序，由此可见，那个阶段的工匠就已经具备了精益求精、严谨细致的工匠精神。其后，《考工记》一书中指出“百工与居一焉”，说明在春秋战国时期社会角色的具体分工已经十分细致。《庄子》中“庖丁解牛”的故事反映了战国时期工匠的职业精神，即在工作的过程中不但需要有过硬的职业能力，更需要精神上的细致、耐心和负责，体现了技以载道、道技合一的技艺伦理宗旨，强调外在劳动与内在精神的有机统一，这种“技”与“道”的统一造就了高质量产品与高尚人格。

进入封建社会，随着经济的快速发展和社会发展的需要，各门类的职业教育古老的以血缘为纽带的传承方式开始慢慢被代替，这个阶段出现了职业师徒的概念，手艺开始师徒相承，这为工匠精神的发展提供了开放包容的条件，这个阶段“心传身授”的教育模式也逐渐成为培养工匠的主要途径。传统手工业时代，从原材料的选择、制作、打磨成品由工匠独自一人完成，这对工匠的技艺水平提出了非常高的要求。因此，认真执着、精益求精的创新精神是工匠精神在这一时期的主要特征。李春主持建造的赵州桥、蔡伦发明的蔡侯纸、宋应星的《天工开物》、李时珍的《本草纲目》等都体现了我国工匠的敬业、精益、专注和创新。

赵州桥

近代工业革命爆发后，工厂制的机器化大生产开始流行。由于手工生产已经不能满足市场的需要，大机器生产方式逐渐取代了靠双手劳作的手工业劳动方式，传统的手工业失去了生存的条件，机械式的操作也影响了工人对产品质量和创新的不断追求，曾经为社会所需要的工匠群体开始失去了价值，工匠精神至此也进入了传承的低谷。

新中国成立后百废待兴，在一穷二白的基础上，中国人民开始了全面的现代化工业建设。红旗轿车出厂，武汉长江大桥建成通车，“东方红一号”人造地球卫星发射升空都体现了工匠精神。2008 年世界经济危机之后，制造业再次成为国际竞争的焦点，为了应对新一轮的技术革命和产业变革，我国政府印发了《中国制造 2025》，倡导在全社会培育精益求精的工匠精神。中国高铁走向世界，“神舟飞船”和“天宫一号”交会对接，“蛟龙号”深海载人探测器成功下潜……工匠精神在新时代发挥着重要价值。

拓展阅读

世界最高的桥梁——北盘江大桥

2016 年 12 月 29 日，跨越贵州省六盘水市水城县都格镇和云南宣威市普立乡的北盘江大桥通车。大桥全长 1341.4 米，跨越云贵两省交界的北盘江大峡谷，桥面到谷底垂直高度 565 米，相当于 200 层楼高，比国外最高桥梁巴布亚新几内亚海吉焦峡谷大桥（管道桥）高出近 100 米。

北盘江大桥作为一座世界级桥梁，建设中攻克了山区大体积承台混凝土温控、超高索塔机制砂高性能混凝土泵送、山区超重钢锚梁整体吊装、边跨高墩无水平力的钢桁梁顶推、大跨钢桁梁斜拉桥合龙等一系列难题，体现了高超的技术水平和施工能力。有外国网友在观看北盘江大桥视频后留言，“中国用超级工程证明自己”。

北盘江大桥

中国工匠精神的发展历史见证了工匠精神从产生到传承的完整过程，是当代国人的重要精神财富。新时代中国经济的腾飞、社会的发展离不开具有工匠精神的中国特色社会主义事业的建设者。

二、劳动模范与劳模精神

（一）劳动模范与劳模精神的内涵

劳动模范简称劳模，是授予生产建设中先进人物的一种荣誉称号，以表彰劳动中有显著成绩或重大贡献并且可以作为榜样的人。劳模是我国成千上万先进模范人物的杰出代表，是我国亿万劳动人民的模范群体。自 20 世纪 30 年代以来，一批又一批的劳模在中国共产党的团结和带领下，在中国革命和建设的伟大实践中铸就了伟大的劳模精神。肯定劳模作用、弘扬劳模精神，对于坚持马克思主义指导思想、弘扬中国精神、加强思想政治教育、培育德智体美劳全面发展的社会主义建设者和接班人凝聚中国力量，进而实现“两个一百年”奋斗目标和中华民族伟大复兴的中国梦，具有十分重要的意义。

劳动模范是民族的精英、人民的楷模，劳动模范身上体现的“爱岗敬业、争创一流，艰苦奋斗、勇于创新，淡泊名利、甘于奉献”的劳模精神，是伟大时代精神的生动体现。爱岗敬业是当代中国劳模精神的基础。人的本质是劳动。没有劳动就没有人类的一切，没有劳动就没有劳模精神。争创一流是当代中国劳模精神的灵魂，是当代劳模具有竞争力、战斗力和爆发力的精神源泉。艰苦奋斗是当代中国劳模精神的本色，是马克思主义的实践品格和价值取向。勇于创新是当代中国劳模精神的核心，是马克思主义的实践向度和理论品格。淡泊名利是当代中国劳模精神的境界，是中国传统名利观的集中体现，是中华民族传统美德。甘于奉献是当代中国劳模精神的底色，是马克思、恩格斯大力提倡的共产主义道德原则和规范。

（二）劳模精神的发展

劳模精神可以折射出一个民族在某一个时代的精神风貌和社会价值取向。人无精神则不立，国无精神则不强。回首中国革命和建设走过的风风雨雨，劳模精神简明而深刻地展示着近现代中华民族不同时期人文精神的演进与发展，鲜明而自然地体现了我们伟大民族与时俱进、开拓创新的时代精神，凝重而浪漫地述说着中华民族的时代思想与情愫，准确而完美地展示了中华民族顽强拼搏、自强不息的崇高品格。

1. 劳模精神的萌芽期

20 世纪 30—40 年代是劳模精神的萌芽期。劳模群体的出现并不是偶然的，它是在中国共产党建立了红色革命政权以后，在中华苏维埃共和国临时中央政府定都瑞金后，在边区财政经济困难的情况下，在毛泽东同志的亲自领导下，为了团结群众，发动群众，搞好中央苏区经济建设的历史产物。同时，中国劳模群体也受到了苏俄“共产主义星期六义务劳动运动”和“苏联斯达汉诺夫运动”的影响。陕甘宁和晋绥边区、晋察冀和晋西北革命根据地等地区开始仿效过去在苏区和苏俄的这种做法，开展大生产运动和各项建设，寻找和树立典型劳动模范，掀起了党的历史上第一次真正意义上的大规模劳模运动，对劳模精神的产生起到了关键作用。革命战争年代，劳模群体做出了重大贡献，呈现出“为革命生产劳动、为革命拼命献身、为革命苦干巧干”的“革命型”特征，劳模精神开始萌芽。革命战争年代的劳模精神为解放区劳动人民提供了强大的精神动力，极大地推动了根据地的物质生产，加快了党领导下的新民主主义革命胜利和中华人民共和国成立的进程。

2. 劳模精神的雏形期

20 世纪 50—70 年代是劳模精神的雏形期。中国共产党沿袭革命战争时期开展大生产运动和劳动竞赛的做法，动员广大工人和农民积极投入中国社会主义经济建设中，并大力开展劳模评选表彰。从 1950 年到 1979 年，我国共召开九次全国劳动模范表彰大会，表彰劳动模范、先进工作者和先进生产者 13600 余人，其中包括时传祥、王进喜、申纪兰、王崇伦、张秉贵、钱学森、袁隆平、陈景润等一大批国人皆知的劳模人物。劳模群体在艰苦的环境中练就了坚毅品质和勤劳品格，继承了踏实朴素和艰苦奋斗的优良传统，为了新中国的发展建设勇当拓荒牛、甘为孺子牛，勤勤恳恳、无私奉献、坚忍不拔、顽强拼搏、开拓奋进，成为新中国成立到改革开放期间中国劳模精神的时代内核，激励和鼓舞着中国人民独立自主、艰苦奋斗、自力更生，为社会主义初级阶段建设构筑了一座不朽的精神丰碑。

3. 劳模精神的发展期

20 世纪 80 年代至今是劳模精神的发展期。从 1980 年至今，我国共召开六次全国劳动模范及全国先进工作者表彰大会，每五年举行一次，都是在“五一”国际劳动节前召开。改革开放后，劳模（包括劳动模范和先进工作者）评选表彰范围不断扩大，从 90 年代中期开始大幅度向在社会主义经济建设和教育、科学、卫生、体育等领域做出贡献的群体倾斜，这个标准被沿用至今。社会对劳动价值的评判，已从“出大力流大汗、苦干加巧干”向“知识型，创造社会效益、经济效益型”方向转变，劳模也逐渐多元化。当代中国劳模身上体现出“爱岗敬业、争创一流，艰苦奋斗、勇于创新，淡泊名利、甘于奉献”的劳模精神，生动体现了当今的时代精神特色，为中国经济社会发展，中国特色社会主义现代化建设，实现中华民族伟大复兴的中国梦汇聚了强大的动能。

拓展阅读

全国劳动模范、全国先进工作者、全国五一劳动奖

全国劳动模范和全国先进工作者是党中央、国务院授予在社会主义建设事业中做出重大贡献者的荣誉称号，全国劳动模范授予企业职工、农民和其他社会主义建设者，全国先进工作者授予机关和事业单位职工。

全国五一劳动奖状和全国五一劳动奖章统称为全国五一劳动奖。全国五一劳动奖状和全国五一劳动奖章是中华全国总工会设立的分别授予先进集体和先进职工的荣誉称号。除召开全国劳模表彰大会的年份外，全国五一劳动奖每年评选表彰一次。

三、劳模精神与工匠精神

劳模精神的主体是为社会做出突出贡献的劳动模范群体，工匠精神的主体是面向拥有专业特长和一技之能的产业工人。新时代劳模精神和工匠精神既有着不同要求，又有着密切联系。

从作用功能看，劳模精神致力于动力机制作用的发挥，是示范和引领；工匠精神致力于服务生产方式的变革，是传承和创新的结合。目前，我国的生产方式已由“粗放式”转为“精细化”发展，发展理念由“生产导向”转为“客户导向”，工作内容由“简单易行”变得“复杂多变”，操作方式由“机械重复”到“智慧创新”，在精湛的操作技艺中要求融入个性化设计、创新性元素、决策性内容，在原有手工工匠的“道技合一”的基础上融入“器”，使智慧机器在“技”的完善和“道”的“引导”下实现更多的可能。

从相互关系看，劳模精神和工匠精神表现为外力和内力的作用。劳模精神是从外部影响和引领每一位劳动者比先进、超先进，从平凡走向不平凡的外力，是超越别人的精神，从而照亮别人的生命；工匠精神是从内部唤醒和激励每一位劳动者不断自我挑战、自我超越、成为最好的自我的内力，是超越自己的精神，从而点亮自己的生命。马克思主义关于劳动的基本观点认为，劳动创造了人本身。那么，基于劳动精神之上的普通劳动者，如果在工匠精神的内在唤醒下，不仅超越了曾经的自己，超越了别人，成为最优秀的劳动者，自然就会成为别人效仿的楷模，从而成为能够影响别人的劳模，劳模精神就会应运而生。工匠精神是使人成为更加卓越的人的精神，劳模精神则是使人成为影响别人的人的精神。

从历史发展看，劳模精神和工匠精神相得益彰，在融合中共同体现了社会主义核心价值观的内在要求，体现了本土性与普适性、先进性与广泛性的辩证统一。劳模精神发源于劳动模范，根植于广大劳动者，与社会主义命运紧密相连，具有先进示范性和广泛号召力。我们弘扬的是劳动的精神，塑造的是劳动的风尚，彰显的是劳动的价值，无论时代如何变迁，劳模精神永不褪色。相较于“劳模精神”的本土性而言，“工匠精神”所植根的人类历史更长。在人类漫长的历史长河中，从农业文明刀耕火种到工业文明机械加工，人类对工匠精神的追求永不止步。两种精神互相融合、相得益彰，工匠的职业操守、精益求精、敬业奉献精神与劳模的辛勤劳动、诚实劳动、创造性劳动精神交相辉映，以劳动光荣的社会风尚和精益求精的敬业风气为核心，共同体现了社会主义核心价值观的内在要求。

新时代绽放新光彩，新征程赋予新使命。劳模精神是时代精神的体现，劳模是时代的领跑者。弘扬新时代劳模精神，是贯彻发展新理念、树立崇尚劳动新风尚的内在要求，同时也将进一步激发广大劳动者的劳动热情，通过辛勤劳动、诚实劳动、创造性劳动实现全面建成小康社会，实现中华民族伟大复兴的中国梦。而新时代工匠精神是对劳模精神的新诠释，也是新时代劳模精神的集中体现。事实上，近现代机器大工业生产的普及以及“互联网 +”人工智能并未使以手工业为代表的工匠精神退出历史舞台。当前，我国正在深入推进供给侧结构性改革、实现从制造大国向制造强国的转变，这带来的是对产品规格、质量与生产过程的“革命”，“人”这一要素在生产服务环节中的重要性进一步提升。如今，我们比历史上任何一个时期都更呼唤工匠精神，它所凸显的精益求精、追求卓越的精神品质，完全契合当前提升劳动者素质和职业技能的客观要求，是全社会必须补齐的“短板”。“三百六十行，行行出状元”，培养和造就一批干一行、爱一行、专一行的能工巧匠，建设知识型、技能型、创新型劳动者大军，将为我国向制造强国转变、推动经济转型升级提供强大的人才支撑。

第二节 敬业——爱岗担当竭全力

爱岗敬业是职业道德的基础，是指劳动者在实际工作中严守职业道德要求以及认真负责、专心致志、脚踏实地的工作态度和价值取向，反映的是从业者对自己职业的态度，体现的是从业者热爱自己的工作岗位，对工作极端负责的职业操守。中华民族历来有“敬业”“忠于职守”的优良传统，越是卓越的工匠，越是对自己的职业有着高度的认同感和自豪感，他们全身心地投入到工作中，对自己严格要求，注重产品质量，追求更高的技艺，用端正的态度去创作、追求品质，而非利益。

一、无私奉献

无私奉献是指在不计较个人得失，勇于承担社会责任和积极履行义务的前提下，个人不管对学业、职业和事业都努力拼搏，创造属于自己的价值，在这个过程中勤奋刻苦、务实苦干。目前，刚步入社会的大学生存在频繁跳槽、推卸责任、大局观差、攀比收入等多种不良现象。要想成为大国工匠，就应该安得下心，守得住寂寞，耐得住平凡，专心爱上自己的工作，用踏实的劳动铸就“中国梦”。

胡双钱

胡双钱，中国商飞上海飞机制造有限公司高级技师，现任中国商飞上海飞机制造有限公司数控机加车间钳工组组长，获全国劳动模范、全国五一劳动奖章、上海市质量金奖等荣誉称号。

1977 年，胡双钱考入了 5703 厂技工学校（上海飞机制造厂技校），刚入学的学习重点是基本功的练习。基本功的练习艰苦、单调又枯燥，练榔头敲击时不允许戴手套，左手握持零件，右手敲击，一天下来，右手酸痛不说，左手也被振肿了，用锉刀锉零件也是一个动作反复练好几天，手臂酸痛不已。但胡双钱不觉得枯燥和辛苦，看着被自己越锉越平、越锉越亮的零件，他感觉疲乏的身体仿佛被注入了新的能量。勤奋地练习让胡双钱在技校的考试中脱颖而出，他跟着老师参与了运 10 飞机零部件的加工生产。

从技校毕业后，胡双钱被分配到 5703 厂飞机维修车间，每天可以近距离地接触飞机，这让从小就特别喜欢飞机的他特别兴奋。刚到飞机维修小组，他每天的活多半是跑工具间来回取送不同的工具。虽然这项工作简单而枯燥，但胡双钱认为，要掌握好技术，就得从学会准确分辨和了解工具开始。很快，他就对工具的用处了如指掌。实习期满后，胡双钱来到了数控车间钳工组。在车间里，他从不挑活，什么活都干，通过完成各种各样的急件、难件，他的技术能力也在慢慢积累和提高。

胡双钱不仅要按工作计划加工形状各异的零部件，有时还要临时“救急”。一次，厂里急需一个特殊零件，从原厂调配需要几天时间，为了不耽误工期，只能用钛合金毛坯在现场临时加工。这个零件的精度要求是 0.24 毫米，不到一根头发丝直径的二分之一。这样的零件本来要靠先进的数控车床来完成，但当时厂里没有匹配的设备，胡双钱硬是靠着自己的双手和一台传统的铣钻床，用了一个多小时，打出 36 个孔，这件“金属雕花”一次性通过了检验。

生产中的突发情况时有发生，加班加点对胡双钱来说是“家常便饭”“哪行哪业不加班？”他总说，“为了让中国人自己的新支线飞机早日安全飞行在蓝天，我义不容辞。”一次临近下班，车间接到生产调度的紧急任务，要求连夜完成两个 ARJ21 新支线飞机特制件任务，次日凌晨就要在装配车间现场使用。他下班没有回家，也没有让大家失望，次日凌晨 3 点钟，这批急件任务终于完成，并一次提交合格。

胡双钱加工过数十万个飞机零件，从没出现过一个次品。对于这个令人震惊的纪录，胡双钱很淡定，没有什么豪言壮语，只说出平淡的两个字：用心。胡双钱拒绝高薪、苦练技术、攻坚克难正是无私奉献精神的具体体现。无私奉献精神是敬业精神的最高境界，也是敬业精神的实质。

二、责无旁贷

工作责任心就是一个人对自己所从事的工作应负责任的认识、情感和信念，以及在工作岗位应遵守规范、应承担责任和应履行义务的自觉性。责任心是做好工作的前提，有了责任心，工作时我们就会树立主人翁意识，时时刻刻把工作放在心上、抓在手上，就会产生克服阻力、解决困难的动力，就会放弃一切私念，不找借口，不虑得失，以最佳的精神状态投入工作，充分发挥用心做事的积极性、主动性和创造性。有了责任心，再危险的工作也能降低风险；没有责任心，再安全的岗位也会出现险情、发生事故。忠于职守、勤勉尽责是每一名员工基本的职业操守和道德品质。

王进

王进，中共党员，山东电力检修公司带电作业班副班长，获全国劳动模范、全国五一劳动奖章、五四青年奖章、最美职工、2018 年“大国工匠年度人物”等荣誉称号。

第一次参加带电作业培训，王进顺着铁塔往上爬，听着嗡嗡的电晕声，感到头皮发麻。在进电场的一瞬间，手跟导线产生的电弧，还有电弧带来的巨大声响，都让他心生畏惧。但他克服了恐惧，迅速进入电场，成功实现等电位，完成了第一次带电作业任务。从那时起，他与带电作业结下了不解之缘。只要一有时间，王进就埋头研究各种输电线路的参考书和塔形金具的图纸，哪种塔形应该怎样攀爬，王进都一一学懂吃透。由于超高压电网对作业人员的体力要求很高，王进常年坚持跑步、登山等多种体能训练，让身体时刻保持最佳状态。

2008 年夏天，山东电网 500 千伏辛聊线有一处导线破损，需要及时处理。按照规定，断股超过 25%，必须切断电源，重新压接导线。但这条线路所带的负荷特别大，切断电源检修会导致限电，只能带电处理。王进主动请缨，爬上 50 多米高的铁塔实施带电修补。头上火辣辣的太阳像个火球，身上的屏蔽服像是烤箱，铁塔的表面温度高达 60℃。王进进入电场后感觉一阵眩晕，出现了中暑的症状。他将工友传递的两瓶水大口喝了下去。恢复体力后，他咬紧牙关一步一步完成了操作。下塔后，王进的肌肉出现了轻度痉挛，工友立刻上去扶住他，帮他把紧贴在身上的阻燃内衣拽了下来，此时，王进已经全身湿透。

2011 年 10 月，±660 千伏银东线 2012 号塔导线线夹螺栓处开口销脱落，情况紧急，需要立即开展带电作业。银东线是世界首条 ±660 千伏输电线路工程，所带负荷占当时山东电网负荷的近十分之一，相当于整个青岛市的用电负荷，是一条“不能停电的线路”。2011 年 10 月 17 日，中央电视台现场直播了带电作业全程。王进在亿万观众的眼前，用了不到 1 个小时，成功完成了本次带电作业。

没有人是真正天生无畏的。王进从恐高、怕电成长为驯服“电老虎”的大国工匠，靠的就是对工作的责任感。责任心决定着一个人在工作中的态度，决定着其工作的好坏和成败。

三、胸怀家国

劳动榜样都有着强烈的家国情怀。他们深知，没有国家的富强就没有人民的幸福安康，国家富强需要每一位劳动者兢兢业业地工作，踏踏实实地劳动。作为劳动者的杰出代表，他们在各自的岗位上，用诚实的劳动、精湛的技艺、不懈的进取，为国家富强和民族复兴默默工作着，他们贡献力量、创造价值，用辉煌的业绩谱写了一曲曲技能报国的英雄赞歌。

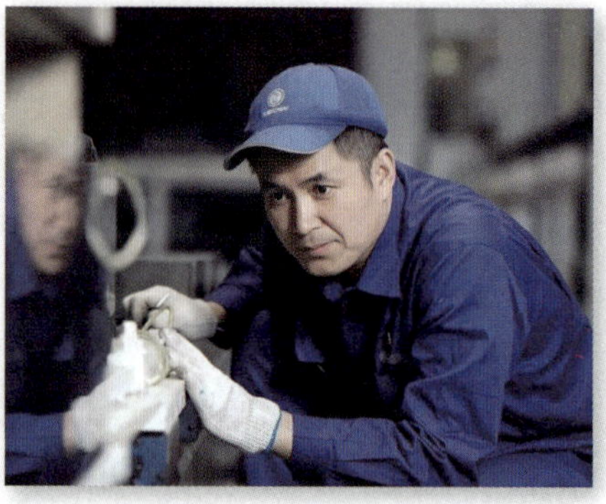

王树军

王树军，中共党员，潍柴动力股份有限公司一号工厂机修钳工，首席技师，获全国五一劳动奖章、2018年“大国工匠年度人物”、山东省十大“齐鲁工匠”、齐鲁首席技师、山东省有突出贡献技师等荣誉称号。

2005 年，潍柴为提升主力产品竞争力，先后从德国和日本引进了世界最先进的海勒、丰田、格劳博、纳格尔等数控加工中心和加工单元。这些顶尖设备安装初期，负责调试的都是外方工程师，在海勒加工中心调试过程中，废品率高达 10%，外国专家一筹莫展。王树军结合实际、大胆创新，在原设计基础上加装夹紧力自平衡机构，将废品率成功控制在 0.1% 之内，为中国工人赢得了尊重。他进一步提出成立“中外联合设备调试小组”的建议。以王树军为组长的中方调试小组不负众望，仅 4 个月，就解决技术难题 72 项，不仅得到外国专家的肯定，更积累了近 3 万字的技术资料。王树军凭借精湛的技术，一次又一次挑战进口设备故障难题，打破了外国专家垄断高精尖设备维修的神话。

2016 年，潍柴推出了一款自主研发的国内领先、世界先进的大功率发动机——WP9H/10H，这是中国内燃机的高端战略产品，名副其实的“中国心”。投放市场以来订单持续火爆，完全超出设计纲领日产 80 台的预期，要想提升产能就是增加新设备，但至少 18 个月的采购周期实在太久。“既然我们的产品已经实现了从中国制造向中国创造的突破，那么我们的设备同样可以实现自主研发制造的突破！”王树军决定带队自主造血！他采用“加工精度升级、智能化程度升级”的方式，升级主轴孔凸轮轴孔精镗床等 52 台设备、自制“树军自动上下料单元”等 33 台设备、制造改制工装 216 台套，优化刀具刀夹 79 套，不仅节约设备采购费 3000 多万元，更将产品日产能提高到 120 台，每年创造直接经济效益 1.44 亿元。

在成名之后，很多企业高薪聘请，他始终不为所动。单位领导多次想让他从事管理工作，他也婉言谢绝。他常说的一句话就是“不忘初心、牢记职责，干好工作、心中快乐”。

技能报国不是一句空话，当前我国正处在实现“两个一百年”奋斗目标和中华民族伟大复兴的伟大时代，弘扬工匠精神重任在肩，打造技能强国正当其时。同学们应确立技能立身、技能报国的理念，将改变自身命运、追求美好未来的理想寄予中国梦的伟大实践中。唯有这样，才不会有思想的迷茫，才会有行动的方向，才能在当下的学习中自觉学习劳动模范事迹、践行大国工匠精神，成就自己的梦想。

第三节　精益——于细微处见精神

精益求精是劳动榜样共同的思维特质和从业准则。他们以严谨的工作态度、纯粹的专业眼光严苛地审视自己的工作，酝酿最完善的工艺流程和技术关键，不允许有任何疏漏；他们一板一眼、一丝不苟地做事，杜绝任何投机取巧的行为，甚至将“捷径”看作是最大的“弯路”，把“敷衍”看作是对自己的“犯罪”；他们在精、细、实上下足功夫，不允许自己的产品有任何的瑕疵；他们用心工作，在每一个细节上都精雕细琢；他们追求极致，力求让手中所出的每一件作品都是精品乃至极品，并融入自己的独特技艺和精神气质。

一、严谨求实

严谨是一种严肃认真、细致周全、追求完美的工作态度，求实则是通过客观冷静地观察、思考和探求，悟透事物的内在机理，再采取最合适的方法去解决问题的做事原则。“天下难事，必作于易；天下大事，必作于细。”将容易的事当艰难的事做，将细小的事当作天大的事做，这是一个当代工匠对严谨求实的哲学实践。

高凤林，中共党员，中国航天科技集团有限公司第一研究院首都航天机械有限公司特种熔融焊接工，高级技师，获国家科学技术进步二等奖、全国劳动模范、全国五一劳动奖章、全国道德模范、最美职工、2018年“大国工匠年度人物”等荣誉称号。

高凤林

“当看到我们生产的火箭把一颗颗卫星发射升空，这种自豪感无可比拟。”高凤林说。他是航天特种熔融焊接工，被誉为“金手天焊”，长三甲系列运载火箭、长征五号运载火箭的第一颗“心脏”（氢氧发动机喷管）都经过他手。40年来，他先后为90多发火箭焊接过“心脏”，占我国火箭发射总数近四成；先后攻克了航天焊接200多项难关。2014年底，他携3项成果参加德国纽伦堡国际发明展，全部摘得金奖。

凤林被誉为“金手天焊”，不仅因为早期人们把比用金子还贵的氩气培养出来的焊工称为“金手”；还因为他焊接的对象十分金贵，是有火箭“心脏”之称的发动机；更因为他在火箭发动机焊接专业领域达到了常人难以企及的高度。

20世纪90年代，为长三甲系列运载火箭设计的新型大推力氢氧发动机，其大喷管的焊接一度成为研制瓶颈。火箭大喷管延伸段由248根壁厚只有0.33毫米的细方管组成，全部焊缝长达900米，焊枪多停留0.1秒就有可能把管子烧穿或者焊漏。在首台大喷管的焊接中，高凤林连续昼夜奋战一个多月，腰和手臂麻木了，每天晚上回家都要用毛巾热敷才能减轻痛苦。凭借着高超的技艺，高凤林攻克了烧穿和焊漏两大难关，成功焊接出第一台大喷管。但随后的X射线检测却显示，大喷管的焊缝有200多处裂纹，面临被判“死刑”的命运。高凤林从材料的性能、大喷管结构特点等展开分析，最终作出判断：“裂纹是假的！”经过剖切试验，在200倍的显微镜下显示，所谓的“裂纹”，确实只是焊漏与方管壁的夹角造成的假象。就此，第一台大喷管被成功送上试车台，这一新型大推力发动机的成功应用，使我国火箭的运载能力得到大幅提升，也让高凤林尝到了知识和技术结合的幸福感。

2007 年 9 月，在长征五号研制的关键时刻，发动机内壁在试车时出现烧蚀。现场专家焦灼地联系高凤林求援，高凤林带着助手赶到现场。操作台 10 米开外就是易燃易爆的大型液氢储罐，脚下是几十米深的山涧。故障点无法观测、操作空间异常狭小，仅能硬塞一只手臂进去，高凤林只能凭着多年的操作经验“盲焊”。最终，在夜晚来临前，他成功地排除了故障，被发动机总设计师戏称“通过了国际级大考”。

自 1993 年，高凤林担任发动机车间氩弧焊组组长以来，尽管有过多次可以提拔的机会，但他都放弃了。他始终认为，他的根在焊接岗位上。为了攻克难关，他常常不顾环境危险，直面挑战，为此多次负伤，鼻子受伤缝针，头部受伤三次手术才把异物取出，而胳膊上黄豆大的铁销由于贴近骨头至今无法取出；为了保障一次大型科学实验，他的双手至今还留有被严重烫伤的疤痕；为了攻克国家某重点攻关项目，近半年的时间，他天天趴在冰冷的产品上，他甚至被戏称为“和产品结婚的人”。高凤林对“中国制造”充满期待：“对我来说，戴上面罩，拿起焊枪，就意味着进入一种状态，必须心无杂念。我希望有一天中国产品能成为世界的 NO.1！”

不管技艺多么高超，经验多么丰富，我们面对每一项任务都要“三思而后行”，都要明确将做的是怎样一件作品，具有怎样的功能，使用怎样的工艺，达到怎样的品质。只有明白了目标要求，才能胸有成竹，将每个步骤、每个环节、每个细节都牢牢掌握在手中，才能杜绝一切可能的失误和差错，最终打造出堪称完美的作品。

二、一丝不苟

一丝不苟就是办事认真，连最细微的地方也不敢马虎。大国工匠的一丝不苟就体现在始终严格遵循工作规范和质量标准，兢兢业业做事，一板一眼工作，把每个操作要求和工作步骤都落实到位，不投机取巧，不寻求捷径，不敷衍了事，不放过任何一个细节，确保操作符合标准甚至高于标准。一丝不苟不仅仅是一种工作态度，还是一种行为习惯、职业操守，它让优秀的工匠们总是心怀“责任如千金之石悬于一丝”“品质如合抱之木生于毫末”的忧虑，绝不给自己任何懈怠的理由。

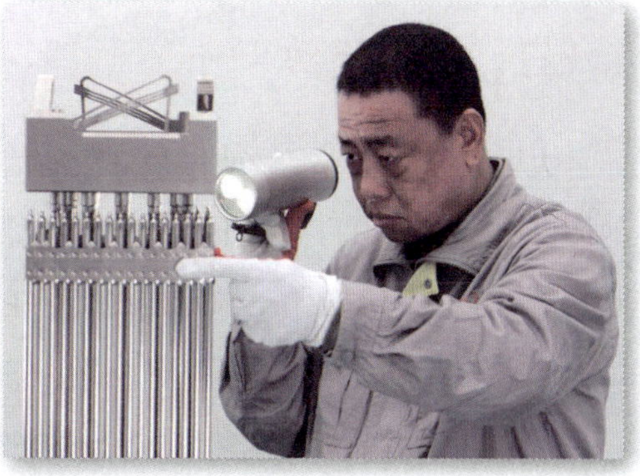
乔素凯

乔素凯，中共党员，中国广核集团运营公司大修中心核燃料服务分部工程师、核燃料修复师。曾获全国技术能手、2018 年“大国工匠年度人物”、中央企业劳动模范、中国广核集团“优秀党员”、中国广核集团首届“中广核工匠”等荣誉称号。

1992 年从山西临汾电校毕业后，乔素凯来到我国大陆第一座百万千瓦级核电站——大亚湾核电站。核燃料相关工作都有一定的危险性，技术要求高、难度大，核燃料组件修复项目更是如此。由于工作的特殊性，乔素凯经常挂在嘴边的话就是“核燃料无小事”，他也一直以“不允许毫厘之差”的高标准来要求自己和身边的同事。

有一次，在大亚湾电站核燃料组件修复过程中，当破损燃料棒拔出并插入替换棒时，该棒位置比其他棒位低了几毫米，担任项目负责人的他坚定地表示：“必须返工！核燃料无小事，我们不能在核燃料组件上留下任何安全隐患，一次就必须把事情做好。”最终，在大家的反复试验下，替换棒拉到了正常高度，保证了组件再入堆后的安全运行。

“修复是最难的，也是要求最高的。”核燃料组件修复完全在水下操作，修复一组有缺陷的核燃料组件，有 400 多道工序，其中有不可逆转的 200 多道关键点操作工序。而乔素凯做到了用 4 米的长杆完成水下精确值为 3.7 毫米的操作；面对核燃料棒包壳管 0.53 毫米的壁厚，他可以用自己的手感和经验保证核燃料抽出的过程完好无损。

乔素凯有着一个保留多年的习惯，那便是随身携带一本小本子，换料现场和 PMC（核燃料装载贮存系统）设备哪里有缺陷，哪里需要改进，他都会一一记下来。“将需要修复的燃料棒取出时必须慎之又慎，核燃料工作干的时间越长，就会越谨小慎微。”乔素凯说。

多年来，正是怀着对核燃料的敬畏之心，乔素凯带领团队一直守护着核岛最深处的这方水池，完成了一个又一个艰难挑战。至今，其所在团队共为国内 20 台核电机组完成了 100 多次核燃料装卸任务，创造了连续 56000 步操作零失误的纪录，实现了燃料操作零失误及换料设备零缺陷，堪称守护核安全的典范。

十年磨一剑，二十年磨一心，乔素凯一直用一颗精益求精的匠心不断探索，艰难攻关，他没有很高的学历，却总能身体力行脚踏实地不断学习；没有超人的智慧，却凭着一股钻劲深入细致地做好每一项工作，乔素凯就是凭着对工作的一丝不苟，抱着“一次把事情做好”的信念，在这份特殊的岗位上实现他的价值，为实现我国核电强国的“核电梦”“中国梦”增砖添瓦！

三、追求极致

大国工匠都有“要做就做最好”的信念。他们对技艺和品质有着达到极致的严苛要求，他们以生产精品为目标，不断改进工艺，提高品质效能，力求造福于世。极致是什么？它不是最终的结果，也不是固定的终点，它是更好的质量，更理想的状态，更完美的事物，是人们心中更高的目标、更高的境界。

夏立，中国电子科技集团公司第 54 研究所高级钳工，获全国技术能手、2018 年“大国工匠年度人物”、河北省金牌工人、河北省五一劳动奖章、2016 年河北省军工大工匠等荣誉称号。

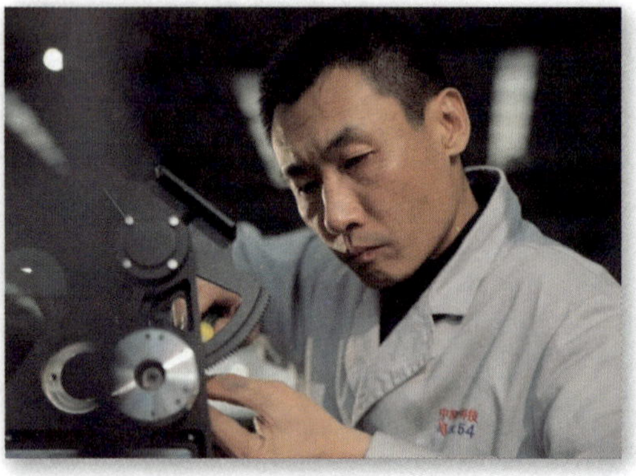

夏立

夏立是一名钳工，但在博士扎堆儿的研究所，博士工程师设计出来的图纸能不能落到实处，都要听听他的意见。多年来，他天天和这些半成品通信设备打交道，在生产、组装工艺方面，攻克了一个又一个难关，创造了一个又一个奇迹。

从 1987 年进入 54 所至今，夏立参与了许多国家重大工程中卫星天线的预研与装配。感到最难的还是上海 65 米射电望远镜天线的装配。射电望远镜，通过接收天体的射电波来确定遥远天体的结构。不仅在我国探月工程中接收信号、发送指令，上海 65 米射电望远镜还“凝望”着更遥远的深空，被形象地称为“天马望远镜”。因为装配难度太大，54 所将任务交给他。宇宙中的射电波有不同波段，望远镜的天线就如同鼻子和耳朵，通过左右上下扫描，精确找到、接收不同波段的信号，哪怕只偏离了百分之几的角度，就可能找不到目标。控制天线对各角度进行扫描的装置，被称作方位俯仰控制装置，其核心是一个直径 200 毫米、厚度 10 毫米的圆形钢码盘。确保望远镜精准探测，安装钢码盘成为关键，齿轮间隙要有 0.004 毫米，如果太小，天线转不动，大了，天线会松动。

安装钢码盘，夏立面临着不止一个难题。钢码盘要安装到一个托盘上，托盘的平面度要求极高，为千分之几毫米，当时磨床设备的加工能力只能达到百分之几毫米，精度等级相差 10 倍。他决定手工磨出来。用 2 个千分表一点点测量托盘表面，比较分析所有数据，3 天时间，他将托盘平面高低相差 0.02 毫米，磨到相差 0.002 毫米，顺利完成装配任务。

安装陆地上超高精度的天文望远镜天线，很难。安装海上的天线，难题更多。中国海军赴亚丁湾、索马里海域执行护航任务，展示了我国作为一个负责任大国的形象。护航舰艇同样离不开卫星通信。除了精度上的苛刻要求，夏天在索马里海域，舰艇甲板温度能达到 50℃，舰载通信天线处于高温之中，护航舰艇在海浪冲击下晃动幅度大，空气的腐蚀性也比较强。在复杂海况下，保持天线稳定运行，夏立带领团队设计出了全新的 1.2 米天线的核心部件，体积更小，数据传输量却相当于以前两三台舰载天线之和。由于创造了 6 个月不停机连续工作的记录，他们受到使用方赞扬。

追求极致的过程是从 99% 到 99.9%，再到 99.99% 的过程，是追求“没有最好，只有更好”的过程，这是精益求精的最高境界。对于我们青年学生而言，只要你不满足于现在的状态，向着更高、更好的目标去奋斗，就是走在了追求极致的路上。

严谨务实、一丝不苟、追求极致，三者紧密联系，环环相扣，从不同侧面反映了精益求精的不同层次和内涵。虽然工匠所处的行业、所做的工作千差万别，但精益求精的工作要求是一致的，虽然工匠的年龄、技能各不相同，但精益求精的工作态度是必需的。

第四节　专注——平凡之中显不凡

执着专注是优秀工匠的必备素质。执着就是长久地甚至用一生来从事自己所认定的事业，无怨无悔、永不言弃；专注就是把精力全部凝聚到自己认定的目标上，一心一意走好自己的路，不达目的誓不罢休。优秀工匠都是有大智慧的人，他们知道自己追求什么、舍弃什么；优秀工匠都是有毅力的人，他们知道如何才能坚守自己的理想而不会功亏一篑；优秀工匠也都是有信念的人，他们知道只有锲而不舍、专心致志、淡泊宁静，才能在平凡的岗位中锤炼自己的才干，施展自己的抱负，实现自己的价值。

一、锲而不舍

锲而不舍，金石可镂。大国工匠练就高超的技艺也不是一朝一夕的，高水平的能力，一定是锲而不舍、坚持积累获得的。这阐明了一个亘古不变的人生哲理，就是人生一定要有追求，更要有毅力、有恒心，只有坚持不懈、持之以恒，才能获得成功。一个人的时间和精力是有限的，如果做事没有重点，没有主线，没有目标，什么都浅尝辄止，半途而废，那他终将一事无成。青年学生在成长的道路上势必会遇到各种艰难险阻，锲而不舍的精神说起来容易做起来难，究其原因无外乎怀疑自己的方向是否正确，前进动力不足，急于求成，有畏难情绪。解决之道，首先要充分论证目标的可行性，找准方向，明确目标。目标坚定了还要有平和的心态，不为外界诱惑，不被困难吓倒，相信时间的力量，只要每天进步一点点，一定能实现目标。

李万君

李万君，中共党员，中车长春轨道客车股份有限公司首席焊工，获全国技术能手、全国优秀共产党员、全国五一劳动奖章、2018 年“大国工匠年度人物”等荣誉称号。

1987 年 8 月，19 岁的李万君职高毕业，被分配到长春客车厂电焊车间水箱工段。在炎热的盛夏焊着客车上供水的水箱、制动的风缸，车间里火星四溅，烟雾弥漫，声音刺耳，味道呛鼻。

一年后，一起入厂的28个伙伴中，25人离职。李万君却留了下来，琢磨着怎么把活干精。每天中午，大家都在午休，李万君却在琢磨工艺；下班后，大家回家了，他仍蹲在车间练个不停。练习时没有料，李万君就自己到处捡废铁；他把本厂名师拜了个遍，还向其他厂的师傅学。厂里要求每人每月焊 100 个水箱，李万君总会多焊 20 个；厂里两年发一套工作服，可他一年得磨破四五套。1997 年，他首次代表长客公司参加长春市焊工大赛，作为最年轻的选手，他将三种焊法、三个焊件的三个第一轻松收入囊中。

很快，李万君小有名气了，厂里的尖端活、关键活都交给了他。经常与不同单位焊接高手切磋的李万君技艺越来越高，并顺利考取了碳钢、不锈钢焊接等 6 项国际焊工（技师）资格证书，成为全能型焊工。他又接连多次代表长客参加全市焊工大赛，都拿第一，创造了新纪录。几年后，他更拿下了中国技能最高奖——中华技能大奖，成为人们眼里的“工人院士”。20 米外，只要听到焊接声，李万君就能判断出电流和电压的大小、焊缝的宽窄、焊接质量。

转向架制造技术，是高速动车组的九大核心技术之一。李万君就工作在转向架焊接岗位上。他先后参与了我国几十种城铁车、动车组转向架的首件试制焊接工作，总结并制定了 30 多种转向架焊接规范及操作方法，技术攻关 150 多项，其中 27 项获得国家专利。

作为全国铁路第六次大提速主力车型，时速 250 千米动车组在长客股份公司试制生产，由于转向架环口要承载重达 50 吨的车体，因此成为高速动车组制造的关键部位，对焊接成型质量要求极高。试制初期，因焊接段数多，焊接接头极易出现不熔合等严重质量问题，一时成为制约转向架生产的瓶颈。关键时刻，李万君凭着一股子钻劲，终于摸索出了“环口焊接七步操作法”，成型好，质量高，成功突破了批量生产的关键。这项令国外专家十分惊讶的“绝活”，现已经被纳入生产工艺当中。

2015 年，以李万君为主的攻关团队，经过反复论证，多次试验，最终总结出高效科学的焊接方法，成功攻克了我国首列标准化动车组（复兴号）转向架的焊缝难题，突破了制约复兴号顺利生产的技术瓶颈。2016 年初，李万君带领工作室成员，成功完成美国纽约地铁转向架厚板焊接的 31 项工艺评定，为我国试制生产 40mm 厚板转向架提供可靠焊接规范及操作依据。2017 年初，李万君亲自参与试制生产四个美国纽约转向架，通过美国焊接专家的认证，长客股份公司成为我国首家成功拿到美国纽约地铁转向架生产资质的生产单位。

凭借精湛的焊接技术，李万君在参与填补国内空白的几十种高速车、铁路客车、城铁车，以及出口澳大利亚、新西兰、巴西、泰国、沙特、埃塞俄比亚等国家的列车生产中，攻克了一道又一道技术难关。

二、潜心笃志

潜心笃志意即专心致志。孟子教导弟子说：“今夫弈之为数，小数也。不专心致志，则不得也。”潜心笃志是一种宝贵的工作状态，是对事业的执着坚守。许多工作就像文物修复一样，不光需要技术，更需要心无旁骛，沉心静气，耐住寂寞。

李云鹤，敦煌研究院原副所长，获2018年“大国工匠年度人物”、甘肃省“陇原工匠”、甘肃省五一劳动奖章等荣誉称号。

李云鹤

六十多年前，23岁的山东小伙李云鹤来到敦煌，在这里，用一生饱蘸浓墨，用他的巧手匠心，一笔一画地书写了四个大字：工匠精神。李云鹤从试用期开始，到从事壁画修复工作成为这个行业的专家，耗去了他大半生的心血和汗水。

说起壁画修复，业内人士都知道那是一门很难掌握的专业技能。从1944年成立敦煌艺术研究所到1956年，尽管在第一代“莫高人”的努力下，莫高窟与原来积沙成堆、荒芜零乱的破败景象形成了鲜明对比，但因为经费、人力、物资的异常匮乏，莫高窟依然处在“百废待兴”的初始阶段，尤其是对壁画病害的研究、修复几乎是“零基础，零经验”

1957年7月，捷克斯洛伐克文物保护专家约瑟夫·格拉尔受文化部文物局委托，来到莫高窟进行壁画保护情况考察和壁画病害治理示范。格拉尔采用的是当时比较先进的“打针修复法”，能使起翘的壁画变得平整，非常适合莫高窟壁画病害修复。可格拉尔对壁画修补材料及核心技术总是含糊其词。格拉尔走后，李云鹤尝试着像格拉尔一样用一些白色牙膏状的材料与水混合搅拌均匀制成黏合剂，再用一支医用粗针管顺着起甲壁画边沿缝隙滴入、渗透至地仗里；待壁画表面水分稍干，再用纱布包着棉球轻轻按压，使壁画表面保持平整、黏贴牢固。自然，看起简单的操作实际上并没有那么容易！各种材料的组合，材料与水各种比例的混合……李云鹤像个化学家一样，一遍遍调试，一次次失败，再一遍遍调试，最终得以成功。不仅如此，李云鹤还在格拉尔的基础上进行了多处改良，极大地提高了滴灌修复材料的精准度。

1962年初，时任敦煌文物研究所所长的常书鸿语气凝重又甚是惋惜地把161窟的壁画保护修复任务交给李云鹤：“你试试看，死马当活马医吧。”李云鹤爽快地接了下来。清理灰尘，注入黏合剂，用棉球滚压，再用小刀回帖压平……一点一点，一天一天，李云鹤就这样每天一个人在洞窟里，用了整整两年时间才修完161窟60多平方米的壁画。

1963年夏天，130窟北壁塌了2平方米多，李云鹤经过近两年的周密测算、精准布点、反复试验和论证，在130窟的壁面上，嵌插了300多个钢筋铆杆，至今130窟的壁画都安然无恙。继161窟的“注射法”之后，李云鹤又以130窟的成功范例开创了国内首次采取“铆固法”保护修复空鼓壁画的历史先河。

1975年，李云鹤又史无前例地对220窟甬道的西夏壁画进行了整体剥取、搬迁和复原，开天辟地地将西夏壁画“续接”在侧旁的唐代壁画边上，前无古人地让西夏与唐，两个不同历史时期的壁画同时展现在一个平面上，使学者研究、游客参观更为直观和生动，李云鹤成为“国内石窟整体异地搬迁并成功复原”和“重层壁画分离”的第一人。

哪里有“生病”的壁画和塑像，李云鹤就在哪里。从甘肃的张掖金塔寺、马蹄寺，敦煌莫高窟、西千佛洞、榆林窟，天水纪信祠，平凉泾川王母宫，甘谷大象山；到浙江杭州凤凰寺、河北曲阳北岳庙、山东岱庙、北京故宫……李云鹤的身影总是在最需要他的地方出现。

4000多平方米壁画、几百身的塑像——这是61年，李云鹤为“她”，也为自己交出的答卷。

三、百折不挠

“宝剑锋从磨砺出，梅花香自苦寒来”。挫折是检验强者的试金石，人只有经过挫折的摔打和磨砺才能培养出良好的心理素质。挫折给我们带来痛苦的同时也磨炼着我们的意志，以坚韧和乐观的态度面对挫折，使自己变得勇敢和坚强，才能让我们总结失败的经验，进而增长才干，为将来取得更大的成功奠定基础。

管延安，中交一航局第二工程有限公司总技师，获全国五一劳动奖章、全国技术能手、全国职业道德建设标兵、全国最美职工、中国质量工匠。

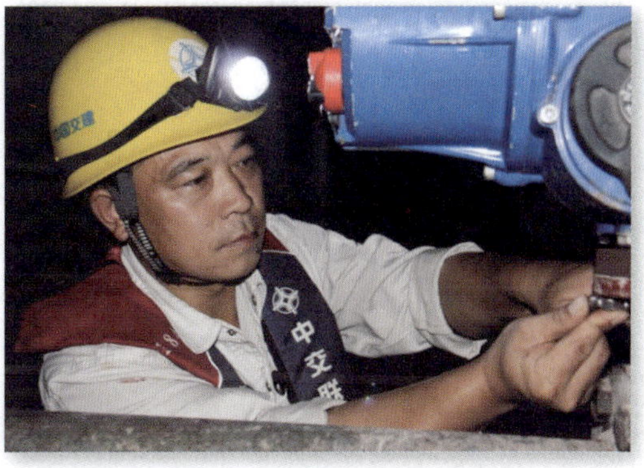
管延安

2018年10月23日，港珠澳大桥正式通车。这座“一桥连三地”的世纪工程，被国外媒体誉为“新世纪七大奇迹之一”。而管延安就是这座超级工程的建设者之一。

管延安的主要工作是负责对接设备的安装、调试和维修。这项工作简单来说就是拧螺丝。一根沉管有两万多个螺丝，如果有一颗误差超过1毫米导致漏水，会直接影响到整个工程的质量和1000多名工友的人身安全。

管延安，仅靠一把扳手，就能保证一根沉管上的两万多个螺丝间隙不超过 1 毫米。港珠澳大桥，33 节巨型沉管，60 多万颗螺丝，练就了他安装零缝隙和“听”音辨隙的绝活，创造了 5 年零失误的深海奇迹，为世界首条“滴水不漏”的外海沉管隧道建设做出了贡献。

即便是如此优秀的管延安，也曾在港珠澳大桥海底隧道当钳工时，遭遇过一次不小的打击。有一次，管延安半小时就安装完成的设备在模拟测试环节竟然出现了漏水。所幸只是测试，问题又很快得到了解决，并没有造成太大损失，但上百名工友几天的活白干了，一切必须从头再来。这件事让管延安认识到，港珠澳大桥的活是一次全新的挑战，对技术的要求更是精益求精。他索性将宿舍搬到设备仓库附近，从早到晚地练习，以追求极致的态度，不厌其烦的重复检查和练习，让管延安完成了看似微不足道，却又举足轻重的工作。

在学艺经历中，1996 年的发生的一件事让管延安印象深刻，并让他从此养成了严谨认真的工作态度。那一年，管延安刚开始跟着师傅学习机电维修，“当时遇到一个电机常见故障维修，师傅让我自己修，我胸有成竹并且修好了。但由于没有进行检查，刚修好的电机在装上后就又烧坏了，当时就觉得脸上挂不住。”正是这次尴尬的经历，让管延安养成了在机器维修好送走前至少要检查三遍的习惯。

管延安最大的业余爱好便是看书学习。在熟练掌握并精通了錾、削、钻、铰、攻等各门钳工技艺后，管延安还自学了电器安装调试和设备维修等技能。在这种勤奋好学和严谨认真的努力付出下，管延安成为中国“深海钳工”第一人。

失败是成功的基石。挫折是人生的必修课。现代社会充满竞争和挑战，青年学生就是在这样的环境中奋斗、成长的，要想有所作为、有所成就，就必须正确对待挫折、战胜挫折。青年学生应坦然面对挫折，要树立“失败也是我所需要的”思想。正如巴尔扎克所说“不幸，是天才的晋身之阶，信徒的洗礼之水，能人的无价之宝，弱者的无底深渊”。

第五节　创新——技术革新解难题

杰出的工匠永远不会满足于自己已有的技艺，他们善于在工作实践中不断学习探索，努力提升自己的知识和技能水平；他们敢于质疑现状、尝试新知、突破自己，在竞争中为自己赢得更为广阔的发展空间；他们不断为自己设定更高的工作目标，要求自己有更出色的工作成绩；他们敢于面对挑战，不怕失败，像登山家一样，永远向着更高更险的山峰攀登。

一、不拘一格

杰出的工匠永远不会停步不前，他们总是不断创新进取。古往今来，精于技术与发明创造的“工匠精神”，是各个国家活力的源泉，也与当下我国的创新驱动发展战略相契合。工作中遇到问题，工匠们敢于尝试，不拘一格，用新方法解决面临的难题、技术的瓶颈。杰出的工匠们带给我们的不仅仅是他们的创新成果，更是他们的创新意识。创新是一个民族进步的推动力，是一个国家、一个企业、一个工匠源源不断的核心竞争力。

谭文波

谭文波，中共党员，中国石油集团西部钻探公司高级技师。曾获全国五一劳动奖章、全国最美职工、2018 年“大国工匠年度人物”、中央企业优秀共产党员等荣誉称号。

谭文波坚守大漠戈壁二十多年，领衔发明的具有自主知识产权的新型桥塞坐封工具，投入使用上千井次。他解决一线生产疑难问题 30 多项，技术转化革新成果 4 项，获得国家发明专利 4 项，实用新型专利 8 项。他还培养出一大批青年技术骨干，为企业创收近亿元。

2008 年，公司的一辆装载德国进口液压系统的电缆测井车的液压泵出现故障。谭文波主动请缨，利用废旧材料排除故障，为公司挽回经济损失 100 余万元。他用实际行动证明外国专家人能做的，中国石油工人照样能做好。

2010 年，他利用闲置材料对传统井下工具进行加工改造，使原本需要两次往复提下工序缩短为一次。2011 年，他研制的项目在提高现场应急作业能力的同时更实现了直接创效。仅一年，实现累计节省成本 130 余万元。同年 8 月，他又发明了连续油管液压助排器，将工作效率提高了 30 倍。

在新型电缆桥塞坐封工具试验成功后，有几家国内外大型企业找到谭文波，纷纷表示出高价购买这项专利，他却回绝了。谭文波说："说到底是企业成就了我的现在，我就是一名技术工人，我能为企业创造的最大价值就是把手头的活做细、做精、做好。钱对我来说很重要，但和我的工作比起来，可以说微不足道，一路走来，能干成几件自己喜欢而又有意义的事，留下一些值得回忆的东西，我想也就没什么遗憾。"

2017 年 3 月的一天，谭文波在完成日常施工任务之余又围绕着"抽汲防喷盒"的加工改造日夜忙碌，这已经是他为新项目开发连续作战的第三天，他先后尝试四种"新型防喷盒"的改造方案，但均被自己否定。进程受阻，神经高度紧绷的谭文波告诫自己："不能急，要保持头脑清醒，重新整理思路，一定有一种方案可行"。凌晨 1 点，夜深人静，谭文波一直在思考如何实现防喷盒与抽汲绳完全动态密封。突然，一个新想法从他脑子里蹦了出来：既然要密封，围堵不行，疏浚行不行？说干就干，他打开厂房灯，启动电焊机，按照新思路对工具进行连夜加工。终于，经过反复多次试压和动态模拟试验，看到所有参数符合要求后，他按捺着喜悦长舒了一口气。次日，谭文波带着他的"新型抽汲防喷盒"亮相百 34 井，新型防喷盒在数米高的防喷管上正常运转，整个抽汲过程安全环保，无油滴落地。至此，一项从研发到应用仅用不到 10 天的革新发明工具诞生了。2017 年 5 月，新型抽汲防喷盒在原防喷盒的基础再次改进，结构更紧凑，现场操作简单、环保，使用效果很好，深受施工作业队的欢迎。

为了彻底摆脱传统火工品坐封方式，谭文波和他的团队积极构思，自主攻关，研发出新型电缆桥塞坐封工具。2014 年 5 月，该项目成功通过新疆维吾尔自治区科技成果鉴定，在世界范围内首创了以电能为动力取代火工品的作业方式，是石油行业中地层封闭工艺的一次重大技术革新，为社会进一步减少民爆物品提供了方向。

谭文波被同事亲切地称为"石油诸葛"，他把所有的业余时间用来发明创造，为中国乃至世界石油技术带来一次又一次革新。谭文波的创造和奋斗为他带来无数赞誉，可对他来说，工作室里琳琅满目的机械设备就是勋章，为石油工作解决的一次次难题后百姓的认可就是奖赏。

二、艺无止境

《礼记·学记》："是故学然后知不足，教然后知困。知不足，然后能自反也；知困，然后能自强也”形象地诠释了艺无止境。劳动模范和大国工匠都对自己的专业和技术有着无止境的追求，他们不断学习、突破自我、砥砺前行。

陈行行，现任中国工程物理研究院机械制造工艺研究所高级技师，获全国五一劳动奖章、全国技术能手、2018年“大国工匠年度人物”、四川工匠等荣誉称号。

陈行行

陈行行在核武器科技事业中从事着高精尖产品的机械加工工作。他能熟练运用现代化大型数控加工中心完成多种精密复杂零件的铣削加工，掌握了多种铣削加工参数化编程方法、精密类零件铣削及尺寸控制方法和铣削钻削等成型刀具的手工刃磨方法。他在新设备运用、新功能发掘和新加工方式创新等方面，成为研究所新型数控加工领域的领军人才。

在数控加工中心操作中，他精通多轴联动加工技术、高速高精度加工技术和参数化自动编程技术等。在多项重要型号产品的急难险重任务中，他凭借扎实、深厚、全面的专业功底和敢于创新的精神，以技术革新推动技术进步，攻坚克难，啃下了一块又一块“硬骨头”。作为中国制造业上的一名高级技术工人，陈行行一次次向技艺极限冲击。比如，用在某尖端武器装备上的薄薄壳体，通过陈行行的手，产品合格率从以前难以逾越的50%提升到100%；用比头发丝还细的0.02毫米刀头，在直径不到2厘米的圆盘上打出36个小孔，难度超过用绣花针给老鼠种睫毛。对工艺的无止境追求，让年轻的陈行行做到很多人做不到的事。

2015年，陈行行接到一个任务，制作国家某重大专项分子泵项目核心零部件动叶轮。动叶轮的材料刚性差，表面要求高，涉及多达144个薄壁叶片，最高转速达每分钟9万转。薄壁叶片数量众多，对加工的一致性要求极高。深思熟虑之后，陈行行对动叶轮进行了新的设计，通过合理选用刀具，挖掘并应用多个设备的高级功能，最终做出了整体加工的动叶轮。

在某型号定型产品重要零件的批量加工中，陈行行通过对加工刀具、切削方式和加工程序及装夹方式进行优化，使加工效率提高了一倍，有效解决了因刚性差导致的加工变形问题，节省了钳工研磨工序，产品合格率高于98%。

某大型科学仪器诊断系统关键精密零件的加工精度异常苛刻，且产品尺寸非常小，无法进行加工中的测量。陈行行大胆开展加工工艺创新，通过设计实用的工装夹具及合理优化工艺路线，高效优质地完成了任务。

某飞层是某大型试验中的零件，尺寸及形位精度要求极高且批量大、周期紧。陈行行与工艺人员共同研讨，多方协作，通过优化加工工序缩减了加工时间，他还凭借经验设计了专用工装夹具，提高了加工效率，降低了劳动强度。

陈行行毕业于技工院校，在校期间，热爱技术的他先后学习了电工、焊工、钳工、制图、数控车床等 8 个工种，并相应考取了这 8 个工种的 12 本职业资格证书。他先后参加了十余次各级别、各层次的职业技能大赛，获奖无数。这些经历为他在以后的工作中不断创新打下了坚实的基础。

三、推陈出新

对于杰出的工匠来说，技艺水平的提升总是和创新相伴而行。他们学习并传承技艺，但绝不会被既有的技艺所束缚，面对生产实践中遇到的各种问题，他们将其看成提升自己技艺水平不断进取发展的一次良机。为此，他们研究问题的症结，思忖解决的对策，或改良工具，或革新工艺，或使用新材料，或发明新技术……反复实践，直到问题得到圆满解决。面对一个个生产实践问题，工匠们以与时俱进、推陈出新的方式推动着技术技能的发展，推动着社会文明的进步，也推动着工匠精神的发扬光大。

朱恒银

朱恒银，中共党员，安徽省地质矿产勘查局 313 地质队教授级高级工程师，获国家科技进步奖二等奖、全国劳动模范、全国优秀科技工作者、李四光地质科学奖、2018 年“大国工匠年度人物”等荣誉称号。

朱恒银从事地质钻探第一线野外工作 43 年，从一名钻探工人成长为全国知名的钻探专家、安徽省学术和技术带头人。一路走来，朱恒银在平凡的工作岗位上，攻克了一个又一个技术难关，将我国小口径岩心钻探地质找矿深度从 1000 米以浅推进至 3000 米以深的国际先进水平，成为我国深部岩心钻探的领跑者。

朱恒银自 20 岁招工到地质勘探队，一干就是 43 个春秋。在平凡的岗位上，他善于发现和提出问题，并能不断探索解决问题，研发的多项技术成果填补了我国空白。

朱恒银利用小口径液动螺杆钻孔底马达配合定向监测技术及施工工艺，实现了钻孔轨迹“导航”钻进。首创在 1000 米以深钻孔中，施工多分支羽状钻孔和一孔中六个不同方向的伞状分支孔；他研发的三重管单动隔水取心钻具，首创松散地层采取不扰动原状岩心样的技术突破；他采用新型集成创新模块化思路，设计出分体塔式全液压动力头 3000 米钻机，研发了高强度绳索取心钻杆，首创 2706.68 米小口径（直径 76 毫米）绳索取心孔深；率先建立了 3000 米深部岩心钻探工艺技术体系，突破制约了 3000 米深部地质岩心钻探的技术瓶颈……

朱恒银先后参加了安徽霍邱、庐纵、铜陵、安庆、滁州、大别山区及全国多个地区的铁、铜、金、钼、铅锌等大型和特大型矿区的地质勘探工作，把自己积累的精湛技术和所研发的机具、工艺方法，推广应用于矿区的勘探施工中，解决了复杂地层、坚硬地层、易斜地层钻孔扩壁、取心、钻孔弯曲控制、钻进效率等技术难题，为地质找矿的突破提供了重要的技术支撑。

伟大的时代呼唤伟大的精神，四十多年来，朱恒银以实际行动诠释着劳模精神和工匠精神，谱写出辉煌的人生篇章。

弘扬工匠精神和劳模精神，打造技能强国。中国梦，需要这样的卓越与完美，也需要这样的匠心。千百万名正走在通向工匠之路的职业院校的同学们，是“中国制造”走向“中国创造”必须崛起、也正在崛起的一代生力军。这是时代的召唤，历史的使命。匠心筑梦，需要我们把国家之梦、民族之梦作为自己的梦想，以大国工匠和劳动模范为标杆，将自己的岗位变成舞台，将自己的劳动变成创造，将工匠精神和劳模精神内化于心、外化于行，在技能报国的理想追求中，塑造自己的精彩人生。

课后思考

1. 劳动模范和劳模精神的时代内涵是什么？
2. 匠人和劳模都有什么共同特质？
3. 简述工匠精神的发展历程。
4. 简述工匠精神与劳模精神的异同点。

【实践活动设计】

寻访身边的劳动榜样

中国梦是中华民族的梦，也是每个中国人的梦。无数劳动模范和大国工匠用自己的匠心为这个梦想努力奋斗着。卓越，来自精益求精；完美，来自一丝不苟。匠心就是精准、精细、精湛，就是创优、创新、创造，就是传承、传授、传扬。

千千万万的劳动者就像点点繁星，默默地发出光和热，正是因为这一群平凡的人，他们心中有大爱，手中有力量，与社会发展同频共振，绚烂了人类的发展历史。同学们，如果你留心观察会发现，在我们身边有很多值得学习的劳动榜样，他们也许是技能高超的大国工匠、精于专业的睿智学者，也许是一心为民的党政官员、勤勤恳恳的普通百姓，也许是勤学向上的同学、刻苦努力的同伴。他们在祖国现代化建设中做出贡献，在岗位工作中兢兢业业，在学习中奋发图强，在他们身上集中体现了崇高的敬业精神、求真求是的科学精神，自强不息、守正创新的民族精神。

请你走近身边的劳动榜样，去探寻那些令人感动的人物、故事、精神、情怀，让他们的事迹触及我们的心灵。

我想寻访的劳动榜样是：______________________________

____

榜样故事：______________________________

____

____

____

____

我的感悟：______________________________

____

____

____

____

第六章 创造性劳动是人生智慧选择

劳动能唤起人的创造力。

——列夫·托尔斯泰

复杂的劳动包含着需要耗费或多或少的辛劳时间和金钱去获得的技巧和知识的运用。

——恩格斯

本|章|导|读

人们在改造自然界的活动中所显示出的创造性劳动，是推动社会进步的强大动力，社会的不断进步与发展，是建立在人们不断进行的创造性劳动的基础之上的。而这种连续不断的创造性劳动的过程，也是人类社会不断进步的创新过程。从这种意义上来说，人类社会的发展史是一部不断创新的历史。在人类社会的发展过程中，人人都可以为社会的进步献出自己的力量。

本章重点解读了创造性劳动、创造性劳动与其他劳动形式的异同等知识，重点阐释了为何创造性劳动在民族复兴中不可或缺，并结合职业院校学生特点，进一步帮助学生了解如何通过创造性劳动开创美好生活。

通过本章内容的学习，我们希望同学们一方面能够树立正确的劳动意识，获得创造性劳动等相关基本知识和观点，另一方面具有劳动意识和劳动责任感，获得主动参与社会发展的劳动内在动机，再就是懂得要以实际行动创造美好生活。

第一节 人类社会已进入创造性劳动时代

创造性劳动是劳动自身的要求，也是时代的要求。二战以来世界经济发展中最引人注目的现象就是科学技术的迅猛发展，它使人类经济生活发生了全方位的变化。进入二十一世纪，信息技术的迅速兴起和广泛应用又使人类社会开始逐步进入到了知识经济时代，一系列新发明、新创造、新成果的出现和应用使知识经济的创造性特征日趋突出和明显。

人类早期主要靠粗莽笨重的体力劳动来谋求生存，现在则已转入更多凭借向体力劳动中注入智慧或集合体力劳动、脑力劳动于一体而谋取生存条件，提高生存福利，创造更美好的环境来提供物质的和精神的充分享受。体力劳动在社会现阶段更加隶属于智力创造活动；体力劳动越来越要求丰富的知识，以至于体力劳动仅起着达到脑力劳动目的之手段的作用。正因如此，脑力劳动与体力劳动的差别才会逐渐消除。如今，任何一种“纯体力”劳动都要求丰富的知识、很高的文化和教育程度。人类社会已进入创造性劳动时代。

一、创造性劳动的内涵

（一）创造性劳动的定义

从物质生产的角度看，人类的劳动都是具有创造性的。但这里的“创造”是广义的，泛指人类对客观世界的改造和对外部环境的改变，它有两方面的含义：其一是指劳动产品的量的增殖，其二是指劳动生产力构成要素（包括人自身）的质的发展，这两种创造是齐头并进的。从茹毛饮血、朝不保夕的原始生活到物质充裕、文化丰富的现代生活的发展过程，也就是从劳动产生初期的刀耕火种到现在先进的自动化管理的发展过程。一般说来，到目前为止，这一创造过程中居主导和支配地位的是对产品量的追求，而对劳动生产力构成要素的发展则居于次要的、被支配的地位，因为我们人类所进行的劳动一直是以获取更多的物质财富和精神财富以满足自身不断增长的物质、文化、生活需要为主要目的，而享受创造的快乐和自我实现的快乐则为次要目的，直到现在仍然是大多数劳动者从事着只有第一层含义的创造而几乎没有第二层含义的创造的工作，这样的工作具有一个明显的特征就是重复性，也就是重复性劳动，只有少数劳动者进行着第二层含义的创造，这样的工作则富有创造性，即为创新性劳动。

所谓创造性劳动，指的是在创造性思维的支配下，具有科学知识和科学技术的劳动者，通过创造发明来改变人类与自然的物质变换过程，打破生产要素组合的均衡态，形成新的劳动要素组合和新的劳动程序，提供新颖独特、有社会价值的新事物、新功能，使人类劳动在前所未有的程序上来进行，从而加速人类物质财富和精神财富创造的生产活动。简单来说，即以前所未有的劳动形式创造出前所未有的价值的活动。其最终目的是为了使劳动生产力的实体性要素（劳动者、劳动资料及劳动对象等）和非实体要素（科学技术、经济管理等）在某一方面得到一定程度的发展。它既包括确实使劳动生产力构成要素的某一方面得到改进的劳动，也包括那些仅具有创新取向，但始终没有取得创新成果的劳动。我们知道，爱迪生在成功设计出灯泡前经历了多次失败，并非每一个从事某一方面探索的人都是能获得成功的幸运儿，且大多数人一辈子只能知道哪些方法是达不到目的的，但我们不能否认的是，失败的探索也是创造性劳动。

劳动是能够创造出人类自身存在和发展所需要的物质财富与精神财富的活动。创造性是人类劳动的本质特征，但是我们必须清楚地认识到，人类的劳动不是消费性的活动，而是指有目的的生产创造性活动，因此，对于一些本身虽有目的性的活动，如吃喝、玩乐、睡觉等，是不能称之为劳动的，从这个意义上讲，作为劳动本身内涵的创造性，也仅仅是指生产领域的生产性劳动的创造性。

（二）创造性劳动的特征

高度的目的指向性。人们从事创造性劳动时，具有明确的目的，不是盲目的。就动物的行为来说，也存在一定的目的指向性，如觅食、求偶、攻击与防御等行为，都存在明确的目的指向性，同时许多动物的行为精确性很高。实际上，原始人类的直取性劳动与动物类的觅食活动在形式上并无两样，都是在生存本能驱使下的一种行为。但人类的目的指向性与其他动物有着本质的区别，主要表现在劳动的高度目的指向性即精确性、计划性与组织系统性。

高度的再现性。所谓再现性，是指再现事物的运动过程，主要表现为模仿复制，如种植劳动就是复制植物的生长过程。各种动物也有一定的模仿能力，但是能够模仿的内容单一、简单，其行为方式代代相传，没有改变与发展。更重要的是，动物只能模仿动作，不能复制事物的运动过程，与人类的模仿复制有着本质的不同。

人类行为的再现性，最初是从语言、行为动作方面进行模仿，学习的初级阶段就是模仿的阶段。除此之外，更重要的表现在以下三方面：一是能够把事物的状态和运动过程通过信息方式再现出来，如通过绘画和雕塑对图像描述，通过文字描述事物的运动过程与情景；二是能够根据事物的运动规律，重现事物的运动过程，前述的种植与养殖就是如此；三是能够根据信息的描述还原事物的运动，如可以根据剧本的故事描述拍摄电影电视，根据设计的汽车图纸进行还原实践制造出汽车的实体等。

高度的创造性。创造性是创造性劳动最显著的特征。劳动的“创造性”主要表现在两个方面：第一，如果成功创造，其所努力创造的劳动形式必须比原有的劳动形式有所改进，必须能够节约更多的劳动；第二，如果它有了劳动成果，无论是一项发明、一项革新或一条定律，都必须具有新的价值。

创造性与再现性有着本质的区别。严格地说，再现性没有任何创造的含义，完全是原样复制。对于再现性劳动来说，实现价值增值的关键在于劳动力的过度使用，而对于创造性劳动来说，实现价值增值的秘密就是具有独创性，是“人无我有”“人有我优”，如袁隆平等农业科学家研究培育成杂交水稻，这种科研培育活动，它创造出一种前所未有的使用价值，创造出价值。如果人类仅停留在复制的层次上，那么将永远停留在原始状态而不可能有任何新的发展，也就没有人类文明的出现，即使能够把整个世界都复制出来，也仍然是原始状态。只有创造性才能使事物发生改变，这是产生人类文明的根本原因。

创造性劳动就是不断地通过信息重组进行优化组合。再现性劳动是按单一事物的规律进行复制，因而其结果永远是原样复制，永远不能推陈出新。创造性劳动则由于不断进行重新排列组合，因而就能不断出现新的改进。一切人类创造的事物，都是源于自然而又优于自然的、自然界从来没有的、人类文明史上空前的新事物。其中的运动原理都是自然界存在的，各个局部的运动要素也是自然界存在的，唯独运动的整体结构、运动程序则是自然界不存在的，汽车、飞机、轮船、电子计算机等，概不例外。

大自然的一切发展变化都是在不断地自由组合的结果。人类劳动是由系列运动构成，每时每刻都产生排列组合，同时人类生存欲望具有本能的趋利避害功能，也就是说具有优化选择的本能。一方面劳动中无意识的自由排列组合的事物会被择优而取；另一方面人类智能在进行不断地信息重组，能动地进行排列组合，从中选择优化结果。因此，智能的创造性贯穿于劳动的全过程。但创造是以认识世界的深度与广度为前提的，认识越深越广越能进行深度的创造。

二、创造性劳动的内容

创造性劳动是由人类社会发展的历史的和时代特征的选择，是完全适应和符合社会历史时代的要求的明智之举。当今社会，特别是在社会主义社会里，个人在社会生活中的作用不断加强，人的才能、兴趣、爱好等越来越得到发展，知识、智能大幅度增长，科学、技术迅速发展，并逐渐成为社会的直接生产力，创造性活动一天天地成为广大社会成员的迫切需要，而满足这些需要就会有强烈的愉快感。创造性劳动已成公民自豪感、荣誉感的显著标志。

首先，创造性劳动要求用足够的知识、充实的智慧和精练的才干去丰富劳动内容，完善劳动过程，提高劳动效率。任何体力劳动，特别是那些较为单调而繁重的体力劳动需要更多地依靠智慧的力量，需要与智力相结合。这种依靠智慧力量或与智力结合的办法和事例有很多。全国劳动模范、改革先锋奖章获得者许振超，是青岛港改革开放 40 多年的参与者和见证者，在他和同事们不断地创新和改革下，创造性的改进工作方式方法，实现了青岛港从昔日工人的手搬肩扛到如今融合了物联网、智能控制、信息管理、通信导航、大数据、云计算等技术的无人码头的全自动化装卸，正是许振超团队坚持并实践着“时时创新，天天创新，人人创新”，才能不断攀登着新的技术高峰。

拓展阅读

许振超的创新情结

“时时创新，天天创新，人人创新。”由一个人的创新，带出一个善于创新的团队，依靠集体的智慧和力量，不断攀登新的技术高峰，是“金牌工人”许振超的新追求。多年来，他的“创新 + 团队 = 效率 + 效益”理念，在青岛港已深入人心。

一个只有初中学历的普通工人，却被人们誉为“技术专家”；一个普普通通的桥吊队队长，却创出了蜚声航运界的“振超效率”。“不断创造纪录，是我们前进的动力。”在党的十七大召开前夕，作为十七大代表的许振超谈起此时的感受，莫过于他的“创新情结”。

创新是时代的最强音。在当前激烈的市场竞争中，大家都在拼命地向前发展，期望别人停下来是不现实的，唯有创新，才能迎头赶上和超越。管好用好青岛港价值十几个亿的集装箱设备，是许振超和队友们的誓言。经过无数个科研攻关和技术创新，他们最终实现了“设备零缺陷、无故障、低成本运行”的目标。这正是许振超和他的团队将创新理念逐步内化为自觉，转化为超越发展的强大动力，才使得其连连打破世界集装箱装卸生产纪录。

创新需要知识奠基。几十年如一日，许振超勤学不辍，刻苦钻研，最终练就了“一钩准”“无声响操作”等绝活。为了让团队的青年职工多掌握一些知识和技能，他要求每周两次学习、一次学习交流会，并创建“网络学习和交流”网页，做到“经验互补、资源共享”。在他的带动下，团队成员中80%以上都能掌握相关技能，许多工人还独创了自己的新绝活。由已知领域向未知领域拓展，不仅需要勇气，更需知识作为后盾。

团队创新方可聚能。依靠集体的智慧和力量，不断攀登新的技术高峰，是许振超的新追求。“创新+团队=效率+效益”的理念，使得许多世界纪录因此不断被刷新。从“金牌工人”到“金牌队长”，从自我超越到“率团”超越，许振超带领的团队中大批优秀人才不断涌现，并取得了新的“振超效益”。事实证明，“创新+团队”方能不断推陈出新，自主实现向新领域的转变。不同类型、不同层次人才优化组合，不仅可以实现知识和能力的互补，产生强大的集体创造力，而且还可以通过各类人才思想火花的相互碰撞，使个体的聪明才智和创造性思维异乎寻常地被激发和激活，形成脱颖而出的激励效应场，从而多出、快出创新的成果。

创新已是当今时代的主旋律。许振超的“创新情结”告诉我们，在变革的时代和创新的机遇面前，人人都是平等的，能否紧紧把握，有所作为，关键看你是否有充分的知识和精神准备，并做到“时时创新，天天创新。”

在大学生课业和实习实训期间，也应该注重激发学生的创造意识，鼓励他们提出各种各样具有创造性的劳动设想，然后指导学生为实现他们的创造意愿或创造设想去思考、观察和调研，进而验证设想、意愿的可行性，从中总结出必要而有益的经验和结论。这样，就把一项本来可能是单调且相当繁重的一般劳动，变成了充满智力活动内容的创造性劳动。

从某种意义上讲，充满丰富的智力活动的创造性劳动，实际上就是体力劳动与脑力劳动相结合的劳动，是物质财富的创造者将和创造精神价值的、在劳动中显示自己智力的思想家结合在一起。在科学大发展，知识量大幅度增长的当代历史阶段，体力劳动越来越依赖智力的创造活动，体力劳动越来越需要以丰富知识为基础。体力劳动与智力劳动的结合更加紧密，体力劳动跟脑力劳动的差别在逐渐缩小，以致任何一种“纯体力”劳动都要求丰富的知识、很高的文化和教育程度。在今天，靠知识，靠智慧，靠才能进行劳动，比之前单纯凭借力气，凭借粗笨工具干活，效率之高，成效之大，在半个世纪前简直是难以想象的。在今天的社会里，一个知识不足或知识贫乏的人，很难胜任真正的体力劳动，甚至很难继续生存下去。大学生要从劳动与知识、智慧、科学文化的密切关系中，懂得创造性劳动的重大意义。

创造性劳动还要求体力劳动时要多动脑，勤思考，善于运用才智，使体力劳动和思维融为一体，这样的劳动不仅能出好的成果，而且还可以产生出新构思、新方案及新产品，更能练就高超的技艺。这是那些只知道拼命干活，而不愿开展思维活动的人所达不到的。创造性劳动者是能在劳动过程中始终注意到边劳动、边思考，进而实现劳动的最理想目标，即为把握高超的技艺，那就是创造。而创造和高超技艺都与新思想分不开，都与思维的发展和其灵活性和敏锐性分不开，没有构思，没有新意念，没有思维的活跃开展，就谈不到创造，就谈不上创造性劳动。创造是组织劳动的目的，而思维的频繁活动，只是劳动创造的开始，凡能促进思维得以发展的劳动，都会呈现出劳动的创造性。

创造性劳动还与劳动参与者的才能、天资和兴趣的发展有直接联系。创造性劳动本身就意味着人的天资、才能、兴趣、爱好、特长的发展和充分的发挥。反过来，人的才能、兴趣、特长发挥的越充分，则劳动的创造精神越旺盛，劳动的技艺技巧掌握得越高超，劳动产品就越精美。每个学生的才能和天赋都可在教育过程中得到发展，但是每个人的发展方向并不是完全相同的，有些人发展成为工程师、科学家，另一些人发展成为思想家、医生，还有一些人则发展成为钳工、车工、机械师等，其中起决定意义的是创造性劳动，是智慧和创造性在劳动中起主要作用，因此，学校应尽可能创造充满适合学生多方面兴趣爱好的、丰富多彩的劳动、学习和生活的气氛，以便使学生的个人天赋、才能、爱好、兴趣、特长，通过各种创造性的活动，无论是智力的、体力的或是思想的，能充分地发挥出来，而劳动的创造性活动是其中一个重要的方面。

其次，创造性劳动要求用新技术取代传统劳动工具，用机械代替单纯体力劳动，以此减轻劳动强度，提高劳动效率。

当今时代，无论是工业生产还是农业生产，简单的手工工具的生产劳动，或仅用斧头、铁锨去干活，已不能满足社会的要求，也不能适应时代的需要。技术的快速发展，先进机械设备的制造和出现，迫切要求劳动的创造精神，要求必须采用新技术代替旧的传统的劳动工具和劳动方式，必须安装和使用先进的机器替换陈旧的设备，改变过重体力劳动负荷，减轻劳动强度，增加生产效益，提高劳动生产率。这一生产劳动方面的总的趋势，同样也适用于科学实验研究活动，只有当人们重视科学技术的成就，并不断把科学技术的成就应用于生产实践和科学实验的时候，才有可能出现产品的质量和数量都大大超过以往的局面，也才有可能得出更多更好的科学实验研究的新成果。

再次，创造性劳动还要求动手动脑，手脑并用，手脑结合，使劳动者在精神上得到提高。

最简单的纯粹动手的体力劳动即使有，它也只能被看成是实现最终目的、进行真正劳动的开始。真正的劳动是手脑并用的劳动，是体力和智慧并用的劳动，是创造性劳动。只有创造性劳动，才既能发展体力，提高劳动技能，使双手更灵巧，又能发展智力，提高思维能力，使思维更敏锐、更深刻、更灵活。从劳动角度来说，通过人的双手使人变得灵巧、技艺高超且聪明智慧。

劳动过程中，通过手的操作、眼睛的观察，人与周围世界发生着积极的作用，掌握了技巧，提高了认识，获得了知识，增强了智能，与此同时，还要靠大脑，这一思维的源泉指导，手的劳动和大脑思维的实际结合，是手脑同时对劳动对象做出精细加工，简单说来，就是手的活动传入到大脑，大脑反过来提醒手应该注意的问题，通过如此反复的作用过程，思想不断地检验、矫正和改善着劳动过程，手的动作越来越准确，越来越灵巧，大脑的创造性思维活动随之会更鲜明、更敏锐、更灵活。技巧靠双手的劳动活动越来越高超，智慧有赖于头脑的活动越来越锐敏、越深刻，劳动技艺随之增进、提高。

可以看出，在手脑的这种密切联系配合及相互促进、协调发展中，劳动起了巨大作用，劳动不但在培养着手的熟练技巧和劳动习惯，而且还能培养创造性劳动的智慧。所以，如果没有劳动和劳动教育，特别是如果没有创造性的劳动和创造性劳动教育，手和脑都将难以得到发展，每个人也不会成为真正意义上具有创造性劳动的人。

三、创造性劳动与其他劳动形式的异同

直取性劳动、再现性劳动和创造性劳动三种劳动形式，是人类劳动发展的历史递进过程，是生产力发展的历史递进过程。三种劳动并不是同时产生的，最初只有直取性劳动，这种劳动与低等动物的唯一区别在于劳动的高度目的指向性。

直取性劳动阶段，生活资料完全由自然界提供，劳动生产率极其低下，所获财富极其有限，自然资源完全制约着人类的生存。再现性劳动增加了能动性，生产力有了较大提高，能够从再现中获得再生能量，产量提高，一定程度上摆脱了自然界的束缚。创造性劳动的形成，是人类劳动的第二次革命与飞跃。创造性劳动则使人类得到巨大解放，由自然界的奴隶变成了自然界的主宰，人类成了自由的人类。再现性劳动是在长期的直取性劳动中逐步产生的，而创造性劳动则是在长期的再现性劳动中逐步产生的，因而是个承前启后的过程。

创造性劳动固然也遵循着“向自然界索取”的含义，是建立在直取与再现基础上的劳动，但其已不再是停留在纯粹的“索取”层次，而是可以创造出新品种、新功能，产生源于自然而高于自然的物质能量。

创造性劳动与再现、直取两种劳动的最大区别在于，再现与直取是向自然界直接索取物质能量，所得到是比较简单的可以直接利用的能量，但无法得到比较高级的能量。创造

性劳动，重要的在于人为创造的运动功能，如飞机的功能。

创造性劳动的重大意义在于，一方面，优化组合能创造出源于自然而高于自然的新物种、新品种，从创造中获得新的物质能量。改变了单纯直取和再现劳动的“有瓜摘瓜”和“种瓜得瓜”的状况。另一方面生产力发生巨变，使财富的增长产生突变，由再现性劳动的算术式递增变为几何式递增。使人类生活内容变广，生活层次提高。再一方面，创造性劳动使人类具有改造自然的能力，使许多事物由自然进化变为人为进化，创造了灿烂的人类文明，使人类得以发展进化，这是改变原始状况的最根本的原因。

迄今为止，三种劳动同时存在，但不是孤立地存在，而是有机地结合在一起，成为创造性地直取与再现。在索取的同时创造，又在创造性手段下进行直取与再现。如开采矿石、石油以及远洋渔业等仍属直取性劳动，但这是创造性劳动条件下的直取。又如种植与养殖，也是在创造性劳动下进行的，而且可以通过改良品种进行创造性再现。尤其是随着人们对自然界认识的深化，使人类从宏观上认识到了保护自然、再现自然、重建自然的重要性，科学发展观提出“绿水青山就是金山银山”的理念，意味着由微观的创造性上升到了宏观的创造性，有效地抑制了过去那种盲目地向自然界野蛮索取的状况。

第二节　创造性劳动在民族复兴中不可或缺

党的十八大以来，习近平总书记应广大人民群众的期待，明确提出了中国梦的伟大奋斗目标，强调“实现中华民族伟大复兴，就是中华民族近代以来最伟大的梦想”，方向明确、目标清晰，关键就在于我们要如何为之奋斗和努力。“在实现‘两个一百年’奋斗目标的伟大征程上再创新的业绩，以劳动托起中国梦。”习近平总书记用坚定的话语表述，充分论证了劳动助力国家富强、民族复兴、人民幸福的重要作用，进而得出只有劳动才能铸就中国梦的经典论述。在习近平总书记看来，伟大事业“始于梦想”“基于创新”“成于实干”，尤其是在机遇与挑战面前，“大家还要一起拼搏、一起奋斗”“我们都在努力奔跑，我们都是追梦人”这既凸显了劳动的恒久性，也彰显了梦想只有在劳动中才能散发出耀眼的光辉。

崇尚劳动是马克思主义的基本观点，劳动是通向成功的必由之路。通过劳动创造财富、破解难题、实现梦想，是中国特色社会主义事业的必然要求和题中之义。习近平总书记指出，劳动创造了中华民族，造就了中华民族的辉煌历史，也必将创造出中华民族的光明未来。可见，实现民族复兴这一崇高的伟大事业，必须以全国各族人民付出辛勤的劳动为依托。

实现中华民族伟大复兴的中国梦，需要以创造性劳动为支撑。当前，我国仍处于社会主义初级阶段，社会生产力不够发达、社会财富不够充裕、人民生活水平还有待提高，距离国家富强、民族复兴、人民幸福的目标还存有差距。实现伟大目标，时不我待，只有付出辛勤的汗水和智慧，才能进一步解放和发展生产力，创造更多的社会财富；只有付出辛勤的汗水和智慧，才能缩小现实与理想之间的差距，不断向目标迈进；只有付出辛勤的汗水和智慧，才能调动社会的积极因素，化解矛盾和问题。因此，只有重视劳动、尊重劳动，广大劳动者各自发挥自己的聪明才智进行创造性劳动，才是实现中华民族伟大复兴最好的实践。

一、创造性劳动是实现国家富强的必备法宝

国家富强是民族复兴的实现基础，而创造性劳动是实现国家富强的必备法宝。在中国源远流长的历史文化长河中，太多的经验和教训警示我们，富强才能国泰民安，落后就要挨打。晚清时期，中国紧闭的国门被列强用鸦片“撞开”，中国劳动力被大面积侵蚀，吸食成瘾的国人成为“东亚病夫”，民不聊生、国库空虚、国力孱弱。一个个以赔款、割地为主要内容的不平等条约接踵而至，曾经“天朝上国的盛世繁华”被屈辱事件覆盖，国家沦落到没有国格、人民沦落到没有人格的悲惨地步。究其原因，不难发现，其中最关键的原因在于鸦片对劳动者身体的迫害，导致他们无法正常劳动，原本顺畅运行的劳动秩序被打破，靠劳动维系的发展链条被打断。在盛行丛林法则的当今世界，一个国家、一个民族，只有坚持劳动至上，才能富国强民，才能捍卫自己核心利益不受侵犯，否则很容易沦为所谓“强国”的跟班，以期在“护佑”中求得一线安宁，抑或是沦为傀儡，成为被操控的木偶，无论大国还是小国，无论老牌国家还是新兴国家，追求国家富强，都是一个永恒不变的主题。

实现国家富强是几代中国人的夙愿，是每一个中华儿女的共同期盼。但习近平总书记更清醒地认识到，我们国家的发展前景十分光明，但道路不可能一帆风顺，蓝图不可能一蹴而就，梦想不可能一夜成真。一项项光荣而艰巨的事业，离不开一代又一代中国人的接续奋斗。习近平总书记指出，劳动是财富的源泉，也是幸福的源泉。为了实现国家富强，进而实现中华民族伟大复兴的中国梦，习近平总书记在党的十九大报告中清晰擘画了全面建成社会主义现代化强国的时间表、路线图，“到建党一百年时建成经济更加发展、民主更加健全、科教更加进步、文化更加繁荣、社会更加和谐、人民生活更加殷实的小康社会，然后再奋斗三十年，到新中国成立一百年时，基本实现现代化，把我国建成社会主义现代化国家。”当前，中国正处于特殊的发展阶段，既面临收官，也面临开局；既是承前，也是启后；既是机遇，也是挑战，时间之紧、任务之巨、期待之高，超乎想象。唯一的正确破解之策就是凝聚起广大人民群众，朝着共同的目标，撸起袖子加油实干、苦干、巧干。需要指明的是，中国力争成为一个强国并不是为了恃强凌弱，而是因为只有国家富强了，才能跻身世界前列，才能拥有国际话语权、国际规则制定权和主导权，进而才有能力捍卫本国权益、履行自己的大国责任，为世界其他国家的发展贡献中国智慧、中国方案和中国力量。

二、创造性劳动是实现民族复兴的必要手段

民族复兴是中国梦的核心内容，而劳动是实现民族复兴的必要手段。民族复兴是相对于民族沉沦而言，是对历史的省思、是对当下的警示、是对未来的展望。民族复兴本质上就是要实现三个蜕变，第一个蜕变是从旧到新，将陈旧落后或者尚缺的进行更新；第二个蜕变就是从小到大，将弱小的状况更替为兴盛；第三个蜕变就是从误到正，将偏离的方向进行调适修整。之所以说劳动是实现民族复兴的必要武器，是因为所有蜕变都必须通过劳动才能实现，只有劳动，尤其是创造性劳动的开展，才能让国家综合国力攀升并屹立于世界之林。劳动可以改变命运，大到人类的命运以及国家和民族的命运，小到个人的命运，靠投机取巧不行，最可靠的还是诚实劳动、辛勤劳动、创造性劳动。从建国初期的积贫积弱，到当前的世界第二大经济体，中国仅用几十年时间走完了发达国家花了几百年才走完的工业化历程，创造了让世人惊叹、难以置信的中国奇迹、中国速度、中国故事。习近平总书记指出，今天，我们比历史上任何时期都更接近、更有信心和能力实现中华民族伟大复兴的目标。中国崛起具有不可阻挡的趋势，正在走向世界，复兴初露锋芒，这一切都离不开亿万中国人民的聪明才智和辛勤的创造性劳动。

民族复兴涵盖的内容很多，但每一项内容的落地都离不开创造性劳动。党的十八大报告所高度概括的社会主义核心价值观，为复兴民族信仰指明了前进的方向和奋斗的目标，而劳动实践则有利于将价值观内化于心、外化于行。经济振兴是民族复兴的物质基础。劳动是生产力得以发展和变革的唯一路径，为经济的良性发展提供可行方法。文化振兴是民族复兴的重要内容。劳动是政治、经济、制度、行为等文化生成、发展、传承的必然方式，确保民族复兴是可持续的。国民精神振兴是民族复兴的核心要义。劳动是实现国民精神复兴的最大力矩，只有通过劳动，人民才能为国家的发展尽力，国家的发展才能给人民带来实惠，实现国家繁荣与人民幸福。军事振兴是民族复兴的保障。创造性劳动是实现军事战备力、军事指挥力、军事创新力的必要手段，能够为民族复兴提供坚强的后盾。总而言之，只有劳动，才能实现中华民族复兴，让中华民族立于世界民族强林。

三、创造性劳动是实现人民幸福的必选方式

人民幸福是中华民族伟大复兴中国梦的奋斗目标，而创造性劳动是实现人民幸福的必选方式。中国梦不仅是“宏大叙事”的国家梦，更是“具体而微”的个人梦。在习近平总书记看来，中国梦归根到底是人民的梦，这就表明了中国梦的主体、实现力量以及惠及对象是全体人民，中国梦必须同人民对美好生活的向往结合起来才能取得成功。国家强大、

民族兴旺都要以保障人民各项权利和维护人民切身利益为先决条件和最终目的。人民由无数个体构成，他们的发展和命运在一定程度上，是社会发展的缩影，也是社会发展的投影，无数的缩影和投影才构成社会发展的全部合力。创造性劳动铸就中华民族伟大复兴中国梦的一个重要表现就在于，创造性劳动是实现人民幸福的方法和捷径。实现民族复兴的中国梦，一方面，必须紧紧依靠人民，依靠工人阶级，依靠创造性劳动；另一方面，必须造福人民，造福劳动者，让每个人追求幸福美好生活的梦想都得以实现。习近平总书记指出，有我国工人阶级和全体劳动群众的团结奋进，有全国各族人民的共同奋斗……中华民族伟大复兴的中国梦一定能够实现！习近平新时代劳动观，就是要把崇尚创造性劳动与造福劳动者有机统一起来，把依靠主力军与发展主力军有机统一起来，用创造性劳动筑就中华民族伟大复兴的中国梦，用幸福汇聚正能量。

全面建成小康社会，进而实现中华民族伟大复兴的中国梦，必须依靠知识，必须依靠劳动，必须依靠广大青年。忆往昔，正是在挥汗如雨的劳动中，勤勤恳恳、任劳任怨的广大劳动人民托起了一个生机蓬勃的中国；看今朝，实现中华民族伟大复兴的中国梦，同样需要艰苦奋斗、不懈努力、埋头实干。从新中国“站起来”，到改革开放“富起来”，再到新时代“强起来”，我们听到了中国梦渐行渐近的铿锵足音。正如习近平总书记所说，“中国特色社会主义事业大厦是靠一砖一瓦砌成的，人民的幸福是靠一点一滴创造得来的。”只有充分调动全体人民的劳动积极性，挖掘他们创造性劳动的潜能，我们才能向目标一步一步靠近，才能夯实发展根基、筑牢梦想大厦，需要指出的是，当前影响全体国民幸福的最大短板是在贫困农村，为了让劳动群众尤其是贫困群众有更多的获得感和幸福感，更公平地享受到社会发展的“蛋糕”，习近平总书记强调，脱贫攻坚战的冲锋号已经吹响。我们要立下愚公移山志，咬定目标、苦干实干，坚决打赢脱贫攻坚战，确保到 2020 年所有贫困地区和贫困人口一道迈入全面小康社会。只有掀起劳动热潮，才能消除贫困、改善民生、逐步实现共同富裕，完成党的重要使命，兑现党对全国人民的庄严承诺，让全体劳动人民过上幸福的生活。

第三节 创造性劳动开创美好生活

习近平总书记指出，幸福不会从天而降，梦想不会自动成真。实现我们的奋斗目标，开创我们的美好未来，必须紧紧依靠人民、始终为了人民，必须依靠辛勤劳动、诚实劳动、创造性劳动。诚然，劳动在实现人民的美好期待中发挥着重要作用，是创造美好生活的唯一路径。随着我国社会的主要矛盾转变为人民日益增长的美好生活需要和不平衡不充分的发展之间的矛盾，在这样的背景下，如何满足人民的美好生活需要成为时代聚焦的重点、难点和热点。幸福不会从天降，美好生活靠劳动创造。历史发展的逻辑、时代发展的诉求、未来发展的召唤，都指向唯一的正确方式，那就是靠自己智慧和勤劳的双手进行创造性劳动。只有以正确劳动观念为指引，用科学劳动方法去践行，才能在劳动中找到打开美好生活大门的钥匙，从艰辛的探索实践中踏上走向美好生活的通途。

一、创造性劳动提高劳动效率

劳动，从其本身具有的内涵中，我们可以发现：它是人与劳动资料结合的过程，在这个有目的的过程中，人的自身的体力与智力是主体，劳动资料是客体，而作为劳动的对象则是其自身的内涵体现。这其中包含有劳动者自身的体力与智力，而体力与智力的有机结合，则是劳动者创造力的客观体现。所以，劳动的内涵，是劳动者本身所有并且发挥出来的创造力作用于客体的创造性。创造性，作为劳动的内涵，决定劳动质量的高低，它是生产力发展的主要推动力。因此，提高创造性在劳动中的作用，是提高生产力的一个主要方面。

在社会经济发展的过程中，在经济发展的一定阶段上，当一种技术成熟化而且稳定化以后，社会生产就以此种技术为基础，以劳动的常规方式进行数量上的扩张。当数量上的扩张进行到一定的阶段，这种生产技术的能量发挥到最大限度以后，要提高劳动效率，就必须使劳动突破传统方式，需要新技术、新发明和新工艺并对劳动者、劳动工具、劳动对象也提出了新要求，要求这些生产要素具备新的质量并形成新的组合方式，这样社会生产就在创造性劳动的推动下，在劳动的数量和质量上达到新的统一，使社会生产系统的整体结构发生了质变，促使社会生产结合的飞跃发展。

创造性劳动的目的是为了形成劳动过程中新的组合，从而大大提高劳动效率。在没有经过创造性劳动时，生产进程以惯常化的方式自行运转，使用较为稳定的技术，按照人与物质资料相结合的一般方式来进行社会生产。而创造性劳动则要打破这种稳定的状态，使用先进的更为高级的技术，通过劳动者能力的充分发挥来打破这种生产要素组合的均衡状态，改进劳动工具、生产工艺，降低原材料的消耗，形成人与生产资料的新组合，在新组合的基础上，最终促进社会劳动生产率的不断提高。

二、创造性劳动丰富物质精神财富

劳动和自然界在一起它才是一切财富的源泉。创造性劳动以自身的活动来引起、调整和控制任何自然界之间的物质变换过程，是通过有目的的活动改变自然物的社会实践活动，是能够创造出满足人类自身存在和发展所需要的各种物质财富和精神财富的互动。

不管在哪个年代里，不管是什么样的劳动者，他们开展的生产活动，其成果都是他们所需要的财富。也就是说，劳动的产物，只要是有利于改善人们生活的都是社会财富。这个共同点的表现形式及其发挥的作用不同，只是在于财富既需要不断更新，又需要逐步积累。正是这样的异同点，体现着社会财富的增长，推动着社会的进步。

随着社会的进步，劳动生产能力不断提高，创造的财富日益增多。在社会劳动过程中形成一种劳动价值规律，并要求各种劳动都按照劳动价值规律运行的客观作用，开展其社会财富的创造活动。

创造性劳动丰富物质财富。物质需要是人们最基本的需要，人们要能活下来，先要解决衣食住行，然后才能考虑其他方面的追求。物质需要不仅是人存在的必要条件，也是人类社会得以发展的基础。人类社会发展到今天这个阶段，正是通过不断分工协作、大幅提高生产效率，不断创造物质财富，满足人类物质生活需要的结果，也为自身提供了幸福的物质基础。只有通过创造性劳动，才能更充分地获取物质生活资料，为实现美好生活打牢物质基础。通过创造性劳动实现自身发展，在经济增长的同时，个人收入同步增长，居民收入差距得到有效控制，实现现行标准下农村贫困人口全部脱贫，消除绝对贫困，实现全体人民的共同富裕，人人都能够分享改革发展带来的丰硕成果。

创造性劳动丰富精神财富。马克思在《哥达纲领批判》中写道：“随着劳动的社会性的发展，以及由此而来的劳动成为财富和文化的源泉。”人类在劳动创造物质财富的同时也增加了自身的精神财富。在劳动过程中，人类不断地探索和积累丰富的知识和经验，创造了宝贵的科学技术和文化成果，当精神财富的生产从物质财富的生产中独立出来，就出现了专门的思想家、科学家、艺术家等。现实生活中，每个人都有精神世界，人的需要绝不仅仅停留在动物性的感性层次，而是立足感性达到理性。只有这种感性与理性的真正融合，人的真正需要才能得到满足，人的幸福才能够真正实现。人们在不断劳动创造的过程中，不仅获得了自身生存的物质资料，同时也充实了自己的精神生活、提升了自己的精神境界。

通过创造性劳动，造就更加丰硕的精神文化产品，为实现美好生活打牢精神基础，通过创造性劳动，确保无愧于我们这个伟大民族、伟大时代的优秀作品不断涌现，新形式、新特点、新形态、新类型的文艺作品成为社会主义文艺的重要组成部分，走进人们丰富多彩的生活，让人们的精神文化需求能得到充分满足。可以说，只要崇尚劳动、依靠劳动、辛勤劳动，一切美好生活就一定能够创造出来。

三、创造性劳动实现人的自由全面发展

创造性劳动的主体是人，人是认识世界和改造世界的主力军，世界上一切资源的开发与利用都离不开人的操作、调控和掌握。创造性劳动的开展更是如此。如果离开了人，创造性劳动就成了无源之水、无本之木，人的创造力就无从实现，自然资源就不可能转化为经济资源，缺少经济资源就不可能带来更多的经济效益。

（一）人的自由全面发展的客观要求

创造性劳动，是人的完善和全面发展的客观要求。“人的自由而全面发展”的实现依赖于每个人的创造性劳动，即通过发挥人的主观能动性，使人的创造才能尽情涌现，为实现“人的自由而全面发展”开辟道路；另一方面，“人的自由而全面发展”实质上是未来共产主义社会人的劳动状态和生活方式，这种“人的自由而全面发展”的劳动就是实现人的智力与体力完美结合的创造性劳动，它把劳动对人性的束缚转化为劳动自由，是人类社会孜孜以求的目标，也是劳动实践发展的必然方向。

劳动创造了人和人类社会。人类的劳动，是一种有意识、有目的的实践活动。马克思在《资本论》中指出：“我们把劳动力或劳动能力，理解为人的身体即活的人体中存在的、每当人生产某种使用价值时就运用的体力和智力的总和。”创造性劳动的过程实际上是劳动者的体力和智力统一对客观事物作用的过程。劳动过程中包含着智力因素和体力因素。脑力劳动与体力劳动在历史上从合一到分离，经历了漫长的过程。这反映着人类社会的进步和人们认识以及改造现实世界的能力的提高。而创造性劳动，脑力劳动与体力劳动的结合，则反映着人类社会发展的必然趋势和人的全面发展的必然要求。

在长达几百万年的原始社会里，人们的劳动能力很低，不存在脑力劳动与体力劳动的社会分工。因为在强大的自然力面前，人的脑没有多少自由，手也没有多少自由。当时，在自然力的“奴役”之下，人们在劳动中脑和手的作用是结合在一起的。极为低下的生产

力水平，决定了不可能从劳动中分化出从事脑力劳动的人来。随着社会生产力的不断发展，财富的积累成为可能。农业和畜牧业的分离、农业与手工业的分离、商业的出现冲垮了氏族社会的经济基础，导致了私有制的出现，随之便产生了阶级和国家，产生了由少数人专门从事国家管理、宗教及某些文化科学活动的客观需要。而脑力劳动与体力劳动的社会分工正是这种需要的反映。但是在私有制社会里，少数人从事脑力劳动是以多数人终身从事繁重的体力劳动作为前提的。“劳心者治人，劳力者治于人”，脑力劳动与体力劳动表现为对立的状态。

分工是历史发展的重要环节，生产力的发展促进了分工的发展，分工的发展又促进了社会关系的改变，直接或间接地促进社会的进步。分工给社会生产带来高效率。亚当·斯密曾经谈到，在手工作坊里，一个铁匠要制作一枚别针大约需要整整一天的时间，而在一个将别针的生产过程分为 18 道工序的工厂里，10 名工人采取分工的办法，每人只干一两道工序，结果可以创造出每人每天平均生产 4800 多枚别针的奇迹来！所以，亚当·斯密认为现代进步从分工开始。劳动分工在整个社会经济领域和上层建筑领域里引起了深刻的变化，出现了私有制、阶级对立和利益冲突等现象，这是历史的必然。

脑力劳动与体力劳动分工的发展是生产力发展的结果。分工的程度和比例，反映着生产力的发展水平。当生产力水平比较低时，脑力劳动在社会劳动中所占的比重便很小，作用也不显著。近代以来，大机器的广泛使用延伸了人的体力，计算机的出现延伸了人的脑力，社会的劳动生产率大大提高，使得人们有可能摆脱繁重的体力劳动，有足够的时间和条件从事智力活动和脑力劳动，人类劳动中的体力因素逐渐退居次要地位。现代科学技术的迅速发展使生产过程高度自动化，人们摆脱了自然力的“奴役”而用自然力代替了人力。对科学技术的有意识运用代替了凭经验和手工技艺办事的常规，劳动中的智力因素越来越多，这在客观上必然要求打破脑力劳动与体力劳动的分工，实现二者的结合。高度社会化、现代化的大生产是脑力劳动与体力劳动结合的客观基础。然而，私有制社会却导致脑力劳动与体力劳动的分离和对立，导致劳动的异化。而社会主义制度的建立为消除这种分离和对立创造了条件。在未来的共产主义社会，脑力劳动与体力劳动的差别将趋于消灭，二者在更高的水平上将结合在一起。

脑力劳动与体力劳动的结合和分离状态，对人的发展有着重大的影响。在资本主义机器大生产时代，在社会分工和生产结构内部分工的双重影响下，工人的劳动能力不仅片面发展，而且各种机能趋于畸形发展。劳动创造了财富，却使劳动人民成为赤贫；劳动产生了智慧，却使劳动者变得愚昧；劳动产生了美，却使劳动者变成畸形。马克思和恩格斯将这种现象称为私有制劳动的“肢解”。恩格斯在《反杜林论》中进一步指出：“不仅是工人，而且直接或间接剥削工人的阶级，也都因分工而被自己活动的工具所奴役；精神空虚的资产者为他自己的资本和利润所奴役。”所以，消除脑力劳动与体力劳动的差别、消灭分工，就是消灭生产资料私有制，消灭人的片面发展，使每一个社会成员以一种全面的方式，也就是说，作为一个完整的人，占有自己的全面本质。按照马克思主义的观点，在未来的共产主义社会，不仅要保证每一个社会成员有充裕的物质生活和高尚的精神生活，而且还要“保证他们的体力和智力获得充分的自由的发展和运用”，劳动实践活动要给每一个人提供全面发展和表现自己全部的即体力的和脑力的能力的机会。作为全面发展的共产主义新人的特征，除了道德、情操、志趣和个性的自由和谐的发展之外，十分重要的一点是智力和体力的充分自由的发展。在实践活动中，脑力劳动与体力劳动相结合，手脑并用，体智并用，进行创造性劳动，能够全面地发挥他们各方面的才能。

总之，脑力劳动与体力劳动相结合的创造性劳动，不仅是社会发展的必然趋势，而且是人们发展的必然要求，是人的全面发展的实践活动中所表现出来的基本特征。所以，青年大学生应当自觉坚持脑力劳动与体力劳动相结合的方向，努力使自己成为一个全面发展的新时代劳动者。

（二）三种弱化劳动者自由全面发展的错误意识

中国人民自古明白，世界上没有坐享其成的好事，要幸福就要奋斗。这是一个人人可以“奋斗得福”的新时代，但是，新时代劳动观贯彻过程中遭遇的各种挑战和困境，助长了错误劳动观念的滋生与蔓延，削减了劳动群众的奋斗意志，“等靠要”意识弱化了劳动者的能动性、“井底蛙”意识弱化了劳动者的创造性，“排他性”意识弱化了劳动者的自主性，这些都不利于人的全面发展，弱化了个人追逐美好的本领。

“等靠要”意识弱化了劳动者的能动性。中国的伟大发展成就是中国人民用自己的双手创造的，是一代又一代中国人接力奋斗创造的。现在的美好生活是靠奋斗得来的，要把对美好生活的向往变成现实，同样要通过个人奋斗去争取。奋斗的本质就是辛勤劳动，只有依靠自己的劳动，才能在创造物质财富和精神财富的过程中诠释幸福的含义，才能在增强成就感和自豪感的同时彰显幸福的价值，才能在创造美好生活的过程中感受幸福的真谛。新时代是奋斗的劳动者时代。奋斗，对社会而言，是推动时代前进的动力；对个人而言，是实现自身成长的阶梯。广大劳动者要保持一往无前的奋斗之势，乘势而上，撸起袖子加油干，在奋斗中创造美好生活。幸福都是奋斗出来的，要想实现更加美好的生活愿景，最根本、最持久、最可靠的方式就是发扬奋斗精神，砥砺劳作，在实现个人梦的同时，为实现中国梦助力。唯有奋斗才能不负美好期待，才能不负伟大时代。

习近平总书记指出，成果人人有份，责任也人人有份。然而，在这样一个高歌奋斗的新时代，却依然能寻觅到对此不屑一顾的身影，这些人将奋斗视为愚笨的处事方法，心安理得地凭“等靠要”享受不奋斗、无价值的人生。“等靠要”是一种消极的人生观和价值观。无论是客观条件制约下，迫于无奈的被动行为还是主观选择的自甘堕落，这些人其实都可以依靠自己和外界的帮助克服这样的心理。在扶贫工作中，存在个别贫困户，他们致贫的一个重要原因是“懒”，适龄的、健康的劳动力找各种借口拒绝劳动，不愿依靠自己的努力摆脱贫困。有的甚至不愿意摘掉“贫户”的帽子。导致其他未被列为贫困对象、未能享受扶贫政策的人得了“红眼病”，极度期盼自己也能成为帮扶对象，享受不劳而获的福利。还有部分乞讨者，他们身体康健，本可以靠自己的双手挣取体面的生活，但他们却选择骗取他人的同情，放下自尊、伸手索取，拒绝用自己双手缔造更加美好的生活。窥其本质，不难发现，这是人性的贪婪与堕落，与人与生俱来的主观能动性相背离。正所谓，靠天靠地不如靠自己，自助者天助。

“井底蛙”意识弱化劳动者的创造性。随着科学技术的不断突破，国家发展与日俱进，社会变化日新月异，各行各业以及各工作岗位之间的竞争也更加激烈。如何在这样的就业环境中脱颖而出立于不败之地，是即将迈向工作岗位的广大青年人亟待思考的问题。只有树立全面发展的目标，时刻端正学习的态度，不断充实和完善自己，才能让自己紧跟时代甚至能够引领这个时代。这要求广大青年，在职场中清醒认识自身，愿意投入时间精力来拓宽个人视野，弥补知识短板，提升综合能力和专业水平。只有不断学习，才能最终成长为社会需要的复合型人才。在现实劳动中，也存在有些劳动者视野不开，格局不高，不与时俱进，不注重提升自我能力，抱着自以为是的态度沾沾自喜、故步自封，从而导致个人能力无法提高、薪资薪酬难以上调、个人价值无法实现。“人外有人、山外有山”，若看不到与别人的差距，不跳出自己的舒适区，无法正视自己的狭隘性，就容易被取代和淘汰。广大青年须慎思，机遇虽在，不予虚浮之辈；困难虽多，难挡上进之人。

任何充满生机活力的时代，都拥有一种与时俱进、奋力拼搏的精神状态。不想落后于时代，就要保持这种精神状态。要知道，每一个劳动者的自我救赎与成全，都是新时代乐章中必不可少的铿锵音符，都将汇聚成实现民族复兴的磅礴力量。21 世纪是人才和知识竞争的时代，我们必须坚持用开拓性的奋斗姿态去工作，对职场未来进行大胆的设想，在工作中不断充实自我、认清自我、提升自我。坚信没有最好，只有更好，脚踏实地往前走，沉下心来积淀力量，干一行精一行，不断钻研学习，提高学识技能，方能使人生之路更有方向、更有意义、更加稳健。若始终以“井底之蛙”的姿态，目光短浅、见识浅薄、自以为是，按部就班循着碌碌无为的生活轨迹怡然自得，终究会被时代和不断涌现的时代新人淘汰。

“排他性”意识弱化劳动者的自主性。马克思曾说，“人的本质不是单个人所固有的抽象物，在其现实性上，它是一切社会关系的总和。”可见，为了战胜自然界，创造物质生活资料，单靠个体的力量是不行的，必须结成一定的关系。这种结成一定关系去创造物质生活资料的活动，就是创造性劳动。由此可知，正是由于结成了一定的社会关系，创造性劳动才能得以打破个人劳动的局限，通过群体合作的方式实现原有的不可能。人自产生起就是社会关系中的人，人的本质是社会关系的总和。人类为了存在和发展，就必须解决衣食住行等问题，而要解决这些问题，就必须进行劳动，这种劳动不可能是一种孤立的个人活动，它必定发生在人们所结成的社会关系中。人们结成怎样的社会关系，就怎样进行劳动创造，也就怎样存在和发展。人与包括动物在内的其他事物的根本区别，不在于人的自然属性，而在于人的社会性。当前，存在部分劳动者，不懂得如何与他人和谐相处，要么想通过回避的方式将自我从社会关系中抽离出来，要么在不知所措中盲目跟风丧失自我，要么以一副高高在上的姿态歧视和排斥他人彰显自身的独特，难以在角色认知中履行自己应尽的义务和使命，无法在这种排他性认知中实现自治与他治的统一。

人与人之间的社会关系是极其复杂的，其间包括经济关系、政治关系，社会关系等多方面的内容。马克思主义认为，在人们的社会关系中，起决定作用的是最基本的经济关系，即人与人之间在物质资料生产过程即劳动中结成的生产关系，然而，一些劳动者将劳动关系建构任务推卸到用人单位一方，损害了劳动者之间平等劳动关系的构建，特别是在“排他性”认知下仇富、仇官、仇警，只在乎自己的利益，在劳动过程中歧视其他劳动者，摆脱了和谐劳动关系构建的义务使命，忽略了个人生活的德性伦理。而事实上，一旦离开了人的实践活动，离开了社会关系的变化和发展，脱离了各种劳动关系，个人就难以抓住存在于现实的、可感知的、发展变化着的社会关系之中的人的本质，就不能理解现实的人，也就无法成为一个更好的人。

（三）在创造性劳动中完善自身

社会发展的必然趋势，要求人们为促进脑力劳动与体力劳动在更高水平上结合，进行创造性的劳动。青年大学生要想在实践中把自己锻炼成为全面发展的新型人才，就必须坚持脑力劳动与体力劳动相结合的正确方向。

青年学生的主要任务是学习，对科学文化知识的学习在多数情况下主要是脑力劳动。就人的创造性活动而言，虽然要付出较大的体力，但也主要表现为脑力劳动，一种艰苦的脑力劳动。随着科学技术的日益发展和社会主义现代化建设的向前推进，脑力劳动所创造的成果越来越突出，这是确定无疑的，但绝不意味着体力劳动在社会生活中将无足轻重、可以受到任何意义上的轻视。而当前影响青年学生成长的突出问题之一，就是轻视劳动，即表现为轻视体力劳动和体力劳动者，也表现为在脑力劳动中缺乏吃苦精神、贪图安逸，不愿做实际工作。由于受到轻视劳动倾向的影响，使一部分青年学生的思想素质和才能发展受到了限制，少数人在走上工作岗位以后，不能很快地适应社会，而且自视清高，总觉得自己怀才不遇，在成才的道路上徘徊不前。形成这种状况的原因是多方面的。从历史上看，在剥削阶级社会私有制条件下的"劳动"，特别是体力劳动，始终被剥削者认为是"卑下"的活动。由于劳动成果被剥夺，劳动者也把劳动视为一种迫不得已的、沉重的负担。正如列宁所说，"在奴隶劳动、徭役劳动、雇佣劳动这样一些劳动的历史形式下，劳动始终是令人厌恶的事情。始终是外在的强制劳动，而与此相反，不劳动却是自由和幸福。"这种鄙视劳动的观念在我们的社会里还有相当的影响，而这种影响也在青年学生中反映出来。从现实情况来看，不少青年学生的物质生活条件是较优越的，许多家庭的早期劳动教育往往没有得到应有的重视，有的学校也缺少劳动教育实践课程。在上大学前，不少同学作为学校里的"尖子"、家庭中的"骄子"受到"重点保护"，家务劳动被父母全部包办，造成许多青年学生生活自理能力很差。有人称今天的一些大学生是令人担忧的"抱大的一代"，这种说法虽然有些偏颇和刻薄，同时也并不完全是这些学生本身的问题。但是，一部分学生缺乏正确的劳动观念、缺乏劳动习惯，不懂得珍惜劳动成果、缺少自立精神的弱点确实是存在的。

"抱大的一代"显然难以适应新时代的要求。青年大学生应当成为自立自强的一代，开拓进取、勇于创新的一代！青年大学生要坚持脑力劳动与体力劳动相结合的正确方向，应当做到以下几点：

首先，要树立正确的劳动观念。任何社会产品都是社会劳动的结晶，而任何社会劳动都是蕴藏在人们身体内部的体力和脑力的运用。因此，在实践中，既不存在不付出智力的纯体力劳动，也不存在不付出体力的纯脑力劳动，有的只是脑力劳动与体力劳动的分工与结合的状况不同，以及在具体的劳动中付出的脑力劳动量与体力劳动量的比例不同。从社会和科技发展的趋势来看，脑力劳动在人们的社会生活中正发挥出越来越重要的作用。脑力劳动者在全体劳动者中的比例也在增加。而这一过程本身就意味着：一方面是体力劳动者的科学文化水平不断提高，体力劳动中脑力劳动的因素不断增加；另一方面，一批批体力劳动者按照社会的需要，逐步转变为脑力劳动者。体力劳动因素与脑力劳动因素的融合并不意味着体力劳动因素在社会劳动中消失。即使是复杂的、抽象的脑力劳动，无论是科学研究、艺术创造，还是组织管理、教书育人，也绝对离不开体力的支持，有时甚至还会付出较大的体力。人类劳动永远不会消灭，体力劳动也是不会消灭。正如毛泽东所说："无论将来生产技术水平达到何等高度，也绝不可能从人类社会劳动中完全消除体力劳动的因素……从这个意义上可以说一万年都有体力劳动。”

事实上，在社会主义初级阶段，由于生产力水平较低，生产的商品化、社会化、现代化程度还不高，知识密集、技术密集型产业不发达，因此，体力劳动在整个社会劳动中占很大比例。我们的一切财富，归根到底，都是体力劳动与脑力劳动共同创造的。一切有益于社会的劳动，无论是体力劳动还是脑力劳动都是光荣的。社会主义社会的体力劳动与脑力劳动只是分工的不同、劳动的复杂程度不同，不应有高低贵贱之分。青年学生绝不可以轻视和贬低体力劳动。马克思说：“体力劳动是防止一切社会病毒的伟大消毒剂。”青年大学生应当积极参加体力劳动，了解体力劳动的实际情况，体会劳动的艰辛、创造的乐趣和劳动成果的来之不易，锻炼坚毅的品格，培养艰苦奋斗的意识。总之，青年学生在成长的道路上，必须坚持脑力劳动与体力劳动相结合的方向。当然，我们讲结合，是指脑力劳动者的科学文化知识与体力劳动者丰富的实际经验相结合，是在社会主义的劳动实践中脑力劳动者与体力劳动者的结合并促进人们包括智力和体力在内的多方面才能得到全面发展，是促进体力劳动中智力因素的增长，使体力劳动中的体力因素与智力因素融合，最终使脑力劳动与体力劳动之间的差别缩小以至消灭，而不是指一个人要机械地、同时等量地参加体力劳动与脑力劳动，也不是用降低脑力劳动文化水平的方法去消灭脑力劳动与体力劳动之间的差别。

总之，树立正确的劳动观念，就是要正确认识体力劳动与脑力劳动的作用及相互关系。正确认识脑力劳动与体力劳动相结合的意义，克服轻视劳动，特别是轻视体力劳动的倾向。

其次，要培养高尚的劳动道德。劳动是人类社会赖以生存和发展的基本活动，培养高尚的劳动道德，就是要把劳动作为自己生活的基本内容，作为自己对社会应尽的光荣职责，养成勤劳的品格和良好的劳动习惯，使劳动成为自主、愉快、豪迈而高尚的事业。

对于人们的成长和发展来说，要树立起为民族的复兴，祖国的富强和人民的幸福而劳动的高尚目的，要改变和战胜旧的习惯心理，冲破名缰利索的羁绊，不计较个人得失，在劳动中充分发挥积极性和主动性，表现出高度的责任感和忘我的献身精神。1986 年，诺贝尔化学奖的获得者、美籍华裔化学家李远哲在谈自己所走过的治学道路时说：“只要一个人好好努力，在社会上贡献出自己的力量，他就是一个很伟大的人，真正伟大的人”“一个人的伟大并不在于他的聪明才智，主要的还是看他怎样为社会贡献他的能力”。抱着高尚的目的从事劳动，人们在成才的道路上才会有持久的动力。

在社会主义初级阶段实行的以按劳分配为主体的社会主义分配原则，把劳动者的劳动和实际利益联系在一起，鼓励一部分人通过诚实劳动先富起来，在促进效率提高的前提下体现社会公平，这对生产力发展无疑是十分重要的。新一代人才要破除“羞于言利”的小生产意识，在促进社会主义市场经济的发展中大显身手。同时，也要在劳动中追求高尚的理想人格，把为人民谋幸福、为社会做贡献作为行为准则。

最后，在劳动创造中开拓前进。劳动不仅创造了人类的物质文明和精神文明，而且在劳动中人们的创造才能获得了巨大的发展。创造才能的发展、创造成果的获取活动是开拓性的劳动，是艰巨复杂的劳动，有的还是周期较长的劳动。它要求人们具备理想、道德、事业心、责任感、顽强意志等积极的思想品格，具备一定水平的知识、智力、技能及较强的创造能力。没有人类在自然界的劳动实践，没有人的智慧对客观事物本质的观察和把握，人们的创造才能就不会发展，也不会有创造成果的取得，人们对自然和社会发展的客观规律的认识也不能上升到更高的水平，进而也不能使自然和社会的面貌发生更深刻的变化。只有在手脑并用、体智结合的劳动实践中，人们才有充分表现和全面发展自己的品格和创造才能的机会。劳动实践是才能的源泉，是锻炼才能的熔炉，是实现人生目标的阶梯。

如今我们正处于百年未有之大变局的新时代，我们生活的世界是一个充满挑战的开放世界，世界的无穷奥秘需要我们去揭示，现实提出的问题需要我们去解答。劳动是人的本质的体现，劳动是人的本质活动。只有坚持脑力劳动与体力劳动相结合，人们才能够“占有自己的全面本质”。俄国生理学家巴普洛夫以他的毕生追求告诉人们：“我毕生都热爱脑力劳动和体力劳动，也许甚至说，我更热爱体力劳动。当在体力劳动内加入任何优异的悟性，即手脑结合在一起的时候，我就更特别感觉满意了。”青年大学生只有自觉投身于创造性劳动当中，才能够健康成长，适应社会的需要，攀登前人未能攀登上的高峰，创造出光辉璀璨的伟大业绩。

课后思考

1. 创造性劳动的内涵和特征是什么？
2. 国家的发展为什么需要创造性劳动？
3. 简述创造性劳动的主要内容。
4. 简述三种不同形式的劳动以及他们之间的异同。
5. 结合生活的实际，谈谈通过创造性劳动创造美好生活的认识。

【实践活动设计】

创新创业挑战赛

时代是进步的，社会是在不断前进的，人们的思想也在跟着不断地发展，人需要不断地改变，改变才会收获。当今社会，新产品、新服务、新业态、新模式层出不穷，其中有很多有价值的成果非常值得我们学习。开展创新创业挑战赛是深化高等教育综合改革，激发大学生的创造力，培养造就“大众创业、万众创新”生力军的重要途径。

参加创新创业挑战赛不是盲目的、冲动的。如商业模式的创新，首先我们要进行商业模式分析，发现恰当的切入口，围绕创业项目在前期的市场调查、团队组建的基础上，明确小组创业项目，并以行业构造块为基础，分析创业项目在产业链中的位置，其创新及盈利环节所在。其次借助绘制商业模式画布进行深入分析，即以创业项目为基础，按照商业模式画成的基本构造，填写各个模块，小组成员对画成内容进行分析研讨，并提出修改意见。最后，在完善商业模式画布的基础上，按照商业模式创新的基本评价，对自己商业模式的创新角度与可行性进行分析、讨论，形成自己独特的商业特色。

参加创新创业挑战赛不是无序的、随意的。一方面，每个团队要根据自己的需求，招兵买马，合理分工，如要注意分析自己团队的业务范围以及根据创业团队的性质和业务范围确定自己的团队需要建立的部门。一般而言，一个企业的管理岗位包括核心领导者、人事管理岗位、财务管理岗位、销售管理岗位、研发管理岗位等（可根据项目调整）。创业团队绘制自己团队的管理组织结构图，并编制自己团队的工作岗位需求计划。创业团队公布竞选岗位后，其他同学通过了解岗位，确定自己想要竞聘的岗位并准备竞聘宣讲。其次，每个团队要制订切实可行的工作计划以明确项目开展的进度，依据方案制作详细的计划进度表，控制方案执行的进程，对推广活动进行详细罗列，安排具体的人员来负责落实，确保方案得到有效的执行。

请同学们组建创业小组，运用自己的专业所学，结合社会发展需求，尝试培育出属于自己的创新及创业成果，行动起来吧！

项目名称	
团队成员及分工	
重要创新点	
工作进度安排	
创新成果	

一切真知都是从直接经验发源的。

——毛泽东

行是知之始，知是行之成。

——陶行知

第七章 新时代劳动教育实践

本｜章｜导｜读

近年来，在大学生中间存在轻视劳动、不想劳动、不会劳动的现象，对此，全党全社会必须高度重视。《中共中央 国务院关于全面加强新时代大中小学劳动教育的意见》发布后，给社会带来很大反响，各高职院校就组织学生开展劳动教育采取了不同的措施。

本章通过剖析山东商业职业技术学院和南京工业职业技术大学这两所高校劳动教育的案例，旨在给高职院校学生就如何开展劳动、如何组织服务性劳动、如何培养劳动精神和劳动品质提供一种借鉴和参考，也给高职院校如何开展劳动教育提供思路和方法。

通过本章内容的学习，我们希望同学们根据自身情况，因时因地、采取不同的形式进行劳动实践；同时，注重教育实效，实现知行合一，形成正确的世界观、人生观、价值观，积极参加日常生活劳动、生产劳动和服务性劳动，动手实践、出力流汗，接受锻炼、磨炼意志。树立正确的劳动观，崇尚劳动、尊重劳动，增强对劳动人民的感情，报效国家，奉献社会。

第一节　构建新时代“12345”劳动教育体系实践案例

——山东商业职业技术学院劳动教育案例

山东商业职业技术学院是1999年经教育部批准设立的省属高职院校，学校荣获国家高水平学校建设单位第一类（A档）、国家优质校、国家示范性高职院校中的优秀院校、全国职业教育先进单位、全国深化创新创业教育改革示范高校、全国高校实践育人创新创业基地、全国创新创业典型经验高校等诸多荣誉。在开展劳动教育方面，山东商业职业技术学院更是走在了同类院校乃至全国的前列。

山东商业职业技术学院深入学习贯彻习近平总书记2018年全国教育大会精神，把劳动教育纳入立德树人的培养目标中。从2012年学校先行先试，设立服务学习中心，构建“服务学习”模式的劳动实践育人体系。2019年5月，学校将服务学习中心更名为“劳动实践中心”。逐步形成了以构建政府、学校、社会新型关系为核心，以立德树人为根本目标，以加强劳动教育为突破口，以红色育人工程为载体，以校外劳动实践基地为平台，系统完备、科学规范、运行有效的“12345”劳动实践育人体系。通过各项措施的落地实行，让劳动光荣、创造伟大成为铿锵的时代强音，让劳动最光荣、劳动最崇高、劳动最伟大、劳动最美丽蔚然成风。

一、当前高职院校劳动教育存在的问题

《中共中央 国务院关于全面加强新时代大中小学劳动教育的意见》文件中指出，近年来一些青少年中出现了不珍惜劳动成果、不想劳动、不会劳动的现象，劳动的独特育人价值在一定程度上被忽视，劳动教育正被淡化、弱化。对此，全党全社会必须高度重视，采取有效措施切实加强劳动教育。近年来，各职业院校对劳动教育工作进行了一系列改革，在形式上不断创新，也取得了一定进展。但总体来看，仍然存在下列一些问题：

（一）劳动教育体制机制欠缺，缺乏顶层设计

从目前来看，职业院校中的大学生劳动教育体制并不完善，仍然存在着诸多问题，一方面劳动教育的内容在整个职业院校教育中所占的比例较少，得不到的教学资源和资金的支持；另一方面，职业院校的劳动教育缺乏刚性的制度保障和体系化的管理，并未设立专门的劳动教育管理部门来对大学生的劳动教育进行运行和管理，没有纳入人才培养体系的劳动教育大纲和相应的师资配备。学校没有从顶层设计上将劳动教育纳入学校教育的整体范畴，导致劳动教育难以落实落地，难以形成系统的劳动教育体系。

（二）大学生对劳动的认识存在误区，劳动教育的作用被忽视

很多大学生并没有真正的接触到过劳动，没有形成正确的劳动观念，对于自己的生活的区域也难以保持整洁的状态，自我劳动独立能力偏弱。有的大学生认为大学生应该把主要精力放在学习上，把时间花费在劳动上是舍本逐末，没有摆正劳动在大学生素质培养中的重要性。还有的大学生认为上大学就是为了摆脱体力劳动，体力劳动是没有知识的“劳力者”做的事，这是在劳动观念上形成一种错误的认识，这样错误的劳动观念对其产生着一定的影响。

（三）劳动教育课程缺乏，劳动教育被弱化

有关劳动价值论等在教材《马克思主义基本原理》中有所讲述，讲述了什么样的劳动能够形成价值，以及如何形成价值，阐明了商品生产是由抽象劳动和具体劳动构成的，劳动实践可以实现人的本质。《思想道德修养与法律基础》中明确提出“以辛勤劳动为荣、以好逸恶劳为耻”，要求大学生树立正确的社会主义荣辱观，大学生要在参加劳动实践中实现人生价值。除以上两种教材外，大学教材有关劳动教育的内容就很少了，也没有形成一个完整的劳动教育体系，劳动教育课程在整个思想政治教育体系中被严重弱化。

（四）劳动教育片面化，忽视内在育人性

很长时间以来，往往把劳动教育看作是劳动技术教育，强调对学生劳动技能方面的训练，认为劳动教育就是让学生掌握一定劳动技术知识和相关技能的教育。我们说，劳动技术技能培养是劳动教育的一部分，但并不是劳动教育的全部内容，劳动技术技能教育只是劳动教育的必要条件，而非充分条件。

新时代的劳动教育具有更丰富的内涵和形式，通过劳动，不仅可以强体，还可以增智、育美，更重要的是树德，体现了“劳动”和“教育”的结合，丰富了劳动教育的内在育人性。通过劳动教育及亲身参加劳动实践，使大学生实现身心健康成长、人格完善，从而促进人的全面发展。

二、山东商业职业技术学院加强劳动教育采取的措施

（一）建立和完善劳动教育的育人体系

1. 创新机构设置，建立劳动实践运行机制

山东商业职业技术学院自 2012 年率先开展劳动教育，从学校层面设立服务学习中心，到 2019 年 5 月更名为劳动实践中心，构建了“12345”劳动实践育人模式和运行机制。即以劳动实践中心为纽带，把负责日常思想政治教育的辅导员和思想政治理论教育的思政课教师紧密结合在一起，充分发挥两支队伍各自的优势和工作积极性，思政课教师负责劳动实践的动员、反思和提升，辅导员队伍负责劳动实践的组织管理和考核。在学校层面成立校劳动实践中心，在各个二级学院成立劳动实践督导部，在各个班级成立劳动实践工作部，全体学生参与校园环保劳动和志愿类服务活动并形成机制化管理。学校一把手亲自抓，分管校领导监管，校劳动实践中心及各二级学院分工落实的运行机制，从体制机制上保障了劳动教育体系的有力运行，建立起以学生成长为中心，全过程渗透、全员参与的实践育人格局。

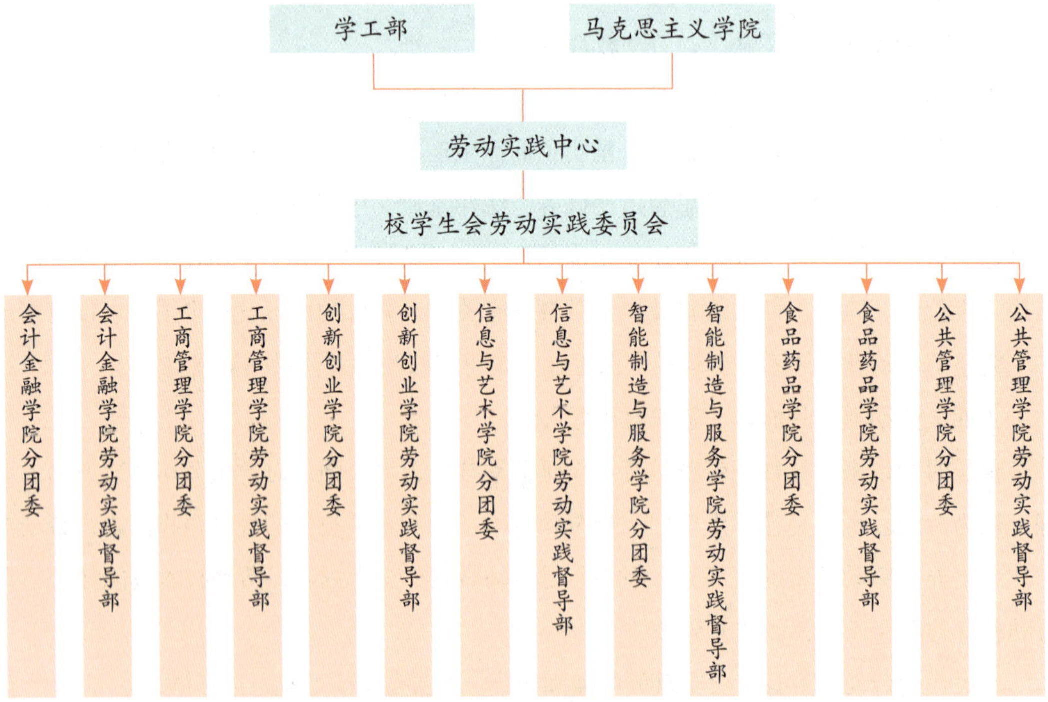

劳动实践组织管理体系示意图

2. 发挥实践育人传统，探索“知行合一”的劳动教育模式

人是以实践形式存在的，思维也只能在实践中体现，并在实践中调整和发展。学校紧紧围绕立德树人根本任务，探索新时代劳动教育的目标要求和运行模式。学校实行“12345”

劳动实践育人模式，将劳动实践纳入学校人才培养方案，有效落实了习近平总书记在北大师生座谈会上提出的“知行合一、以知促行、以行求知”的要求，真正做到“要坚持理论性和实践性相统一，用科学理论培养人，重视思政课的实践性，把思政小课堂同社会大课堂结合起来。”补齐了劳动教育的短板。2018 年 1 月，劳动实践中心的“12345”劳动实践育人体系作为参评子项目之一，马克思主义学院的思想政治理论课教学科研教师团队荣获教育部认定首批“全国高校黄大年式教师团队”。

学校构建的“12345”劳动实践育人平台，是指在教师的指导下，依据课程的教学内容和要求，组织和引导大学生主动参与校园劳动和社团志愿活动，以直接体验为特征，以提高大学生思想道德素质为目标。通过有组织、有计划的服务活动与结构化的反思过程，促进大学生知识、技能的获得及能力的提高，使其在关注社会和关心他人的过程中成长为一个有社会责任感并有能力服务于社会的人。劳动实践育人强调在实践中学习，在学习中成长，有助于将人才培养和社会服务相结合，促进学生“知行合一”，这和思政课实践教学的目标是一致的，从而形成思政课理论与实践同向同行，协同育人的良好机制。

3. 完善育人主体，构建“12345”劳动实践育人体系

山东商业职业技术学院构建了“12345”劳动实践育人体系，即一个中心、两支队伍、三种形式、四个环节、五项提升。一个中心是指学校成立的由学工部和马克思主义学院共管的劳动实践中心，配备专职人员，专门负责思政课实践教学。两支队伍是指辅导员队伍和思政课教师队伍，相互配合，共同参与劳动实践活动。三种形式是指校园环保劳动服务学习、社团志愿类服务学习和专业服务学习三种形式。四个环节是指劳动实践通过“动员”“实施”“反思”“提升”四个环节进行。五项提升是指通过学生参加各项劳动实践活动，结合思政课教学内容中的自强不息、吃苦耐劳的传统美德，助人为乐、保护环境的社会公德，服务他人、奉献社会的职业道德，为人民服务的人生观和社会主义核心价值观等方面来反思和提升。

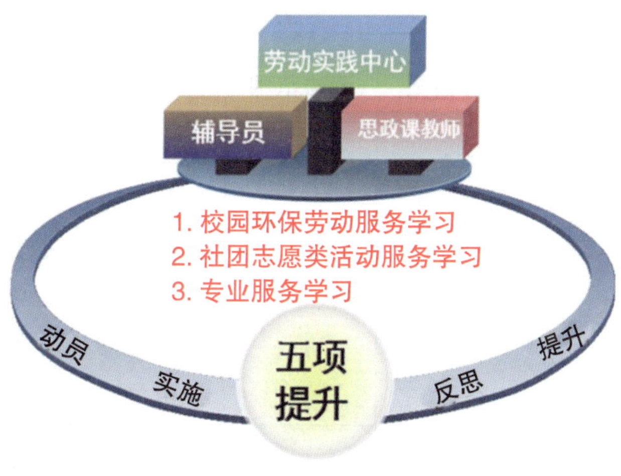

“12345”新时代劳动实践育人体系

（二）开展丰富多彩的劳动教育活动

1. 实行校园环保劳动，使日常生活劳动机制化

山东商业职业技术学院实行“12345”劳动实践育人体系，配备专门的工作人员负责劳动实践育人工作，将工作落到实处。学校成立劳动实践中心，配备专门教师负责劳动教育具体工作。在各二级学院成立劳动实践督导部，在各班级成立劳动实践小组，完善了劳动实践的运行机制和组织机构建设。学校领导亲自示范，在学校教室、公共区域、户外区域、学生宿舍区域参加劳动实践。学院按照班级或专业划定区域，班级分小组。学生每天参加机制化的校园环保劳动，从劳动的目标制定、劳动各个环节的具体实施，再到每次劳动效果的评估都是在教师指导下，由学生自主完成。

通过学生亲身参加校园环保劳动，让学生动手实践、出力流汗，接受锻炼、磨炼意志，培养学生正确劳动价值观和良好劳动品质。同时，学生在校园环保劳动过程中，真正做到了自我教育、自我管理、自我发展，实现在实践中学习，在学习中成长的既定目标，坚持理论教育与实践养成相结合，知行合一。使学生真正理解和形成马克思主义劳动观，牢固树立劳动最光荣、劳动最崇高、劳动最伟大、劳动最美丽的观念。

劳动实践教室卫生检查标准、时间

清洁位置、时间	清洁范围	清洁标准	检查项
教室 日常（除周二） 20：30 周二大检查 14：00	黑板、板槽、开关	1. 黑板用湿抹布擦干净，无粉笔末的痕迹 2. 板槽同样用湿抹布擦净，不能用手摸出粉笔末 3. 开关擦拭干净，不能用手摸出污渍、灰尘	1. 黑板是否已经擦洗干净 2. 黑板板槽是否洁净 3. 开关是否已经擦洗干净
	讲台、多媒体	1. 多媒体整洁干净、物品摆放整齐，钥匙槽无灰尘 2. 讲台上物品摆放整齐，桌面干净，不能用手摸到粉笔末等灰尘	1. 多媒体是否有灰尘 2. 抹布、黑板擦等是否摆放整齐
	门窗玻璃、窗台、窗槽	1. 门窗干净明亮、无积尘 2. 窗台、窗槽无灰尘、杂物	1. 窗台是否擦洗干净、无垃圾 2. 教室门窗玻璃是否洁净

（续表）

清洁位置、时间	清洁范围	清洁标准	检查项
教室 日常（除周二） 20：30 周二大检查 14：00	地面	地面干净整洁，无纸屑、纸团、粉笔、口香糖、污迹等，死角无垃圾	1. 地面是否无烟头、口香糖、头发 2. 地面是否保持洁净
	桌面、桌洞、桌椅	1. 桌洞内无垃圾 2. 桌面干净整洁，无杂物 3. 桌椅摆放整齐	1. 桌洞是否无烟头、口香糖、头发 2. 桌椅是否摆放整齐

劳动实践宿舍大检查卫生检查标准

清洁位置、时间	清洁范围	清洁标准	扣分项
宿舍 周二 14：00	楼道地面	地面干净明亮，死角清理干净，无垃圾堆积，无杂物，无积水	楼道地面是否保持干净，无烟头、口香糖、头发团等杂物
	楼梯台阶	台阶干净明亮，楼梯、平台没垃圾、干净明亮。楼梯死角清理干净	台阶地面是否保持干净，无烟头、口香糖、头发团等杂物
	楼梯扶手	无灰尘、蛛网、印迹，干净整洁	扶手上是否无灰尘，没有挂件等杂物
	窗户、窗台	窗台无杂物，干净整洁，窗槽干净	1. 窗台是否保持干净 2. 是否无明显垃圾、无堆积杂物 3. 窗槽是否保持干净
	门窗	楼道口的门窗户擦拭干净，不得乱贴广告等	门、门上小窗户是否保持干净，是否没有随意张贴的广告等物品

（续表）

清洁位置、时间	清洁范围	清洁标准	扣分项
宿舍 周二 14：00	墙壁	湿抹布擦干净，楼梯、楼道墙裙干净无污水渍，无乱贴、乱画	1.楼道墙壁是否无油污、油渍 2.楼梯间墙壁是否保持干净
备注：检查卫生时若发现不打扫的情况，请联系负责人问明情况，如果特殊原因未打扫，请提前通知校劳动实践中心			

劳动实践教学楼公共区域卫生大扫除检查标准、时间

清洁位置、时间	清洁范围	清洁标准	扣分项
教学楼公共区域 周二 14：00	楼道地面	楼道地面、墙壁干净明亮，楼道内无纸屑，无烟头，无杂物堆积	地面是否保持干净，无烟头、口香糖、头发团等杂物
	楼梯台阶	台阶干净明亮（注楼梯迎面），楼梯、平台没垃圾、楼梯墙裙干净无污水渍	台阶是否保持干净，无烟头、口香糖、头发团等杂物
	楼层墙壁	墙壁干净、无明显污物、无乱贴乱画现象	1. 楼道墙壁是否无污渍 2. 楼梯间墙壁是否洁净
	窗户、窗台、窗槽、大厅玻璃门、走廊栏杆	窗户、玻璃明净，窗台、窗槽无灰尘，无垃圾及其他杂物	1. 窗台是否无明显垃圾（含书籍等及其他杂物） 2. 窗槽是否无明显垃圾 3. 窗户玻璃、走廊栏杆是否保持洁净
	楼梯扶手	楼梯扶手要干净、无积尘	1. 扶手上是否无灰尘 2. 主把手是否无灰尘 3. 把手上是否无挂件、杂物

（续表）

清洁位置、时间	清洁范围	清洁标准	扣分项
教学楼公共区域 周二 14：00	卫生工具	摆放整齐，并保持周围地面干净	1. 工具是否摆放整齐 2. 簸箕内是否无垃圾 3. 周围地面是否保持洁净
备注：检查卫生时若发现不打扫的情况，请联系负责人问明情况			

劳动实践户外区域卫生检查标准、时间

清洁位置、时间	清洁范围	清洁标准	扣分项
外围区域 （大扫除） 周二 14：00	宿舍楼四周、绿化带、操场、篮球场四周绿化带	地面干净，无垃圾堆积，无白色垃圾，生活垃圾，无落叶堆积。绿化带无垃圾	1. 地面是否无烟头、口香糖、头发团等垃圾 2. 绿化带是否无明显垃圾和落叶堆积
外围 （日常检查） 中午 12：30	宿舍楼四周、绿化带、操场、篮球场四周绿化带	地面干净，无垃圾堆积，无白色垃圾，生活垃圾，无落叶堆积。绿化带无垃圾	1. 地面是否无烟头、口香糖、头发团等垃圾 2. 绿化带是否无明显垃圾和落叶堆积
备注：检查卫生时若发现不打扫的情况，请联系负责人问明情况			

2. 开展社团志愿类劳动实践，增强大学生服务社会能力

《中共中央 国务院关于全面加强新时代大中小学劳动教育的意见》文件明确提出：高等学校要组织学生走向社会、以校外劳动锻炼为主。山东商业职业技术学院以劳动实践为中心，开展社团志愿类活动，回应社会需求，增强大学生服务社会的能力。

山东商业职业技术学院计算机协会、电子爱好者协会在学校统一银座超市对面联合举办“公益商职，服务师生”电脑及小家电现场免费维修活动，为学校广大教职工、学生提供系统安装、硬件更换、常见小电器及家电维修、软件安装等专业技术服务。

食品药品学院利用自身专业优势，组织社团开展“劳动实践进社区志愿社团在行动”

为主题的活动，同学们走进彩石社区，向前来咨询的群众进行医疗知识宣讲，介绍了糖尿病、高血压等常见病的危害及预防，夏季防暑等多发病的知识普及。活动中，同学们还给群众进行免费测量血压，讲解高血压的相关知识。通过活动的开展，提高了广大群众的健康意识。

2019 年 9 月，学校《开展“四同”教育活动　传承沂蒙红色文化》的活动荣获全国职业院校“奋进新时代　中华传统美德职教行”优秀典型案例奖。

山东商业职业技术学院：

你单位申报的《开展“四同”教育活动 传承沂蒙红色文化》

获 2019 年全国职业院校“奋进新时代 中华传统美德职教行”成果遴选

优秀典型案例奖

中国职业技术教育学会

“奋进新时代 中华传统美德职教行”组委会

二〇一九年九月

2019 全国职业院校“奋进新时代　中华传统美德职教行”优秀典型案例奖

3. 开展劳动实践服务月活动，丰富劳动教育形式

学校每年度都要举行劳动实践活动月活动，劳动实践活动月由趣味运动会、劳动实践海报设计大赛、劳动实践征文、劳动实践形象口号征集、“青春筑梦劳动实践”PPT 演讲大赛、劳动实践原创相声小品大赛等系列活动组成。通过举办劳动实践活动月系列活动，增强学生劳动、协作、团结的观念，营造生动、活泼的劳动教育氛围，增强大学生的劳动观念、环保意识和团队合作精神，是开展第二课堂的有效载体。

4. 举办劳动实践技能大赛，培养学生劳动技能和观念

学校每年举办“校园环保劳动实践技能大赛”，劳动实践技能大赛在同学们平时劳动环保实践的区域进行，经过比赛、评分等环节决出优胜者。2020 年 9 月，劳动实践中心结合当时的疫情形势，举办了以“防疫我先行，劳动最光荣”为主题的第七届校园环保劳动大赛，将校园环保劳动和防控疫情相结合。各个学院的不同选手分别在教室、教学楼公共区域、学生宿舍，开展了“防疫同心，班级更美”“抗疫有我，区域清洁”“防疫随行，宿舍文明”的校园劳动实践技能大赛。对各个单元的比赛，根据时间长短、环境的整洁度进行赋分，根据分值获得不同的奖项。

学校通过开展服务学习技能大赛，形成了以赛促干的氛围，也增添了劳动教育的活力和大学生对劳动观念的认识。通过小组组合，让同学们学会合作，通过比赛，认识到自己面临的问题和差距。大赛使同学们参与了不同形式的劳动教育内容，重新认识到劳动教育的价值。

2018 年第五届服务学习技能大赛启动仪式

2020 年第七届劳动实践技能大赛教室区域比赛

5. 建立校外劳动实践基地，建立起学校与社会的有效联结

《中共中央 国务院关于全面加强新时代大中小学劳动教育的意见》中提出：高等学校要充分发挥自身专业优势和服务社会功能，建立相对稳定的实习和劳动实践基地。学校先后和山东省美术馆、山东省地震局、山东省地质博物馆、济南市团校、济南市历城区唐官小学、济南市玉龙小学、沂蒙六姐妹纪念馆等地建立了校外劳动实践基地。通过这些校外劳动实践基地的建立，大学生可以走出校园参与文明公交出行、地震防灾意识宣讲、小学

支教等活动。校外劳动实践基地的建立，拓展了教学情境，整合了多方面资源，建立了学校与社会的有效联结，为学生提供了更多的实践机会，深化了大学生对专业知识的了解，大学生以专业知识和劳动技能服务社会的能力显著增强。

同时，校外劳动实践基地的建立，优化了学校与企业及社会机构之间的关系，学校与企业及社会机构之间建立的平等互惠的关系，改变了社会对高校单一理论学习的评价，丰富和建构了高校文化，增强了学校服务社会的职能。

山东省地质博物馆劳动实践基地

6. 重视创新创业实践教育，服务地方经济

学校在加强劳动教育的同时，既重视劳动态度、劳动品德的培养，更注重创新劳动品质的素质养成。学校创建“四位一体”创新创业实践育人模式，鼓励学生进行创业实践。实践活动是大学生创新创业教育体系中重要的一环，而实践活动的实施主要靠孵化基地、大学生创业园区等方式来实现的。大学生可以将自己的创业项目和创新行动计划向学校申请，获批后，进驻这些创业孵化基地和创业园区，在创业实践过程中获得一定的指导和帮扶，为创新创业的成功实现积累经验并打下基础。

学校于 2018 年 8 月成立山东青年创业社区。创业社区总建筑面积近 2 万平方米，社区规划为“创新创业全业态服务系统 + 多功能复合办公空间 + 青年创业公寓 + 青年健身娱乐系统 +O2O 多层次社交”的一站式创业就业服务综合体，山东青年创业社区是服务于山东省新旧动能转换的青年创业就业基础平台和有形阵地，将成为推进区域新旧动能转换的孵化器和加速器。大学生将依托山东青年创业社区，积极开展创新创业实践，实现大学生创新创业与学校实践育人的有效结合。

（三）完善劳动教育考核评价机制

1. 列入人才培养方案，对劳动教育进行全面考核

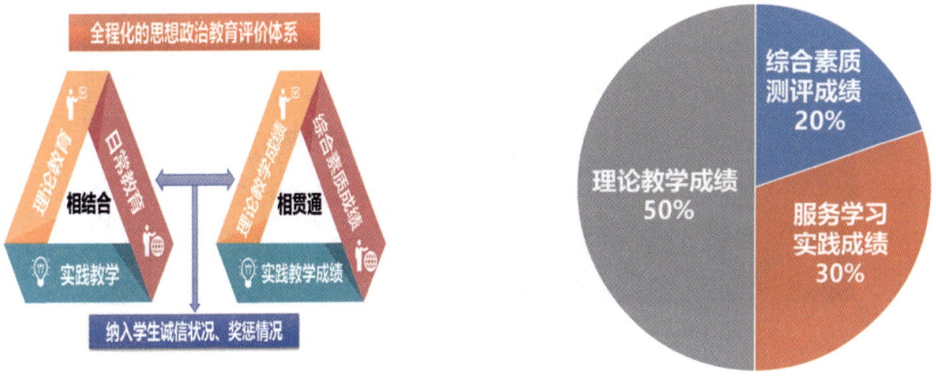

多维度评价、全程化考核

学校把劳动实践列入人才培养方案，全体学生全员全过程参与，并进行课程考核。在大学一年级设为基础课的实践课，两个学期共 32 课时，2 个学分，主要考察学生的环境保护类劳动和社团志愿类劳动。要求该学生必须选修本院系的专业劳动实践课程，着重引导学生运用专业知识和专业技能服务他人、服务社会，侧重于学生在实践中培养一技之长，在提升社会公德的同时促进学业成绩。

劳动实践成绩采取百分制，其中校园劳动实践 50 分，社团志愿类劳动实践和专业技能服务 30 分，劳动实践反思 20 分，总计 100 分。劳动实践作为思政课的实践课程，劳动实践成绩占思政课总成绩的 30%。劳动实践不及格，则思政课不及格。整个运行机制既有制度刚性约束，又有奖励激励环节，解决了传统的劳动教育存在的考核难的问题。

2. 劳动实践表彰奖励，弘扬劳动精神

习近平总书记强调：“我们要始终弘扬劳模精神、劳动精神，为中国经济社会发展汇聚强大正能量。劳动是人类的本质活动，劳动光荣、创造伟大是对人类文明进步规律的重要诠释。正是因为劳动创造，我们拥有了历史的辉煌；也正是因为劳动创造，我们拥有了今天的成就。我们一定要在全社会大力弘扬劳模精神、劳动精神，引导广大人民群众树立辛勤劳动、诚实劳动、创造性劳动的理念，让劳动光荣、创造伟大成为铿锵的时代强音，让劳动最光荣、劳动最崇高、劳动最伟大、劳动最美丽蔚然成风。”根据《山东商业职业技术学院劳动实践各项先进评选办法》规定：劳动实践各项先进每学年评选一次，劳动实践标兵、先进个人、优秀学生干部、先进班集体由学校颁发相应荣誉证书表彰奖励。

2017—2018 年度服务学习表彰大会颁奖现场

学校每年举行劳动实践表彰大会，劳动实践表彰大会旨在通过表彰优秀、弘扬先进、树立榜样、发扬优良传统，充分发挥模范带头作用。

三、创新点

（一）革新教育理念，实现了思政育人创新应用

劳动实践育人体系彰显思想政治教育特性，充分发挥劳动实践的关键作用，创新全员参与的劳动实践的思想政治教育形式，使“学”与“做”有机结合，相互促进，推动“学习－思考－实践－觉悟”的良性互动循环与提升，其中“学习－思考－实践”是“学中做”“实践－觉悟－学习”是“做中学”，实现“学中做、做中学”在思想政治教育领域的创新应用。2018 年 1 月，劳动实践中心的“12345”劳动实践育人体系作为参评子项目之一，马克思主义学院的思想政治理论课教学科研教师团队荣获教育部认定首批“全国高校黄大年式教师团队”。

（二）构建劳动教育五大模块，形成实践育人聚合效应

充分整合各种资源，通过深化劳动教育改革创新，挖掘思政课程和红色文化的教育资源，发挥课程教育的主渠道作用，使大学生养成良好习惯，成就高尚品德。逐步构建了“课程同向引领、红色文化浸润、志愿类社团联结、专业劳动实践深化、社区服务拓展”五大劳动实践育人模块，形成劳动实践育人的聚合效应。

劳动实践育人聚合效应

在劳动教育体系中，以红色文化培育大学生社会主义

核心价值观基因，成就家国情怀；以志愿类社团联结大学生个体，使其尊重劳动实践的多样性，增强团队意识和合作精神；以专业技能服务深化专业知识理解，学以致用，培育大学生的社会责任；以社区服务拓宽视野，回应社会需求，提高应对社会的适应力。

（三）以创业实践育人为抓手，培养创业型技术人才

学校构建的劳动实践育人体系，既注重劳动意识和劳动品质的培养，又注重学生创新创业能力的塑造，将劳动实践育人与创新创业相结合。通过大学生创新实践项目训练、创业培训和技能竞赛等形式，培养大学生创业意识、创业精神、创业品质、创业能力等，全面提升大学生的综合素质。

四、育人成效

（一）引入劳动实践理念，促进知行合一

劳动实践型实践育人模式是把劳动实践的理念引入思政课实践教学，将思想道德教育与实际生活相结合，让大学生接受比课堂更为感性的教育，使思政课实践教学更加贴近实际、贴近生活。一是实现了大学生的普遍参与，大学生只有普遍参与实践教学活动，才能使每个人都能获得直接的体验和感受，进而在亲身实践中加深对相关知识的理解和提高自身的道德修养；二是强调劳动实践的思想政治性，根据课堂教学内容有针对性地设计劳动实践活动，有效地开展传统美德、社会公德、职业道德、为人民服务的人生观和社会主义核心价值观教育。

通过近几年的实践和探索，“以劳动教育为核心”实践育人已经形成成熟的育人机制，大学生通过不同的劳动实践形式参与到学校卫生清扫、社区服务、劳动实践基地建设活动中来，丰富了大学生的实践途径，增强了大学生与社会的互动关系，获得社会的好评和赞扬，实践育人的品牌和美誉度不断提升。

（二）提高社会参与度，建立学校与社会有效联结

劳动实践不仅致力于让大学生拥有社会责任意识，拥有履行社会责任能力，而且致力于使其在大学期间真正步入履行社会责任的队伍中去。

大学生通过志愿类劳动实践和专业类劳动实践活动，参与到社区服务中，使自己的服务能满足社区需求。同时，通过参与到社区中的劳动实践，又促进了对课程以及专业知识的理解。通过社区服务与学生所学专业知识的有机整合，让学生有机会反思在劳动实践中的所经历的事情。而正是通过“知行融合式”新时代劳动教育模式，使学生有机会将自己的专业知识和技能运用于现实社区的真实情景，实现了理论知识和社会实践的有机结合，也实现了学生对于社区的理解和认知，增加了大学生对于社会认识的维度。可见，通过劳

动实践，不仅提高了大学生的社会参与度，也有效地联结了学校与社会，增强了学校与社会的互动，为大学生踏入社会打下良好的基础。

（三）全面提升核心价值观，实践育人成果显著

学校实行的“以劳动教育为核心”实践育人模式遵循人的思想品德形成与发展规律，在教育过程中既注重知识的传授，更着力于情感、信念、意志、行为的培育和养成，使思想政治教育方法实现由“认知式”教育向“体验式”教育转变，注重主体的自我实践体验，充分发挥个体在品格建构中的能动性，使学生既接受理论教育，又接受实践教育，既接受外在教育，又进行自我教育，既接受思想道德教育，又与实际生活紧密结合，让思想政治教育回归生活，让学生接受比课堂更为感性的现实案例，增强学生在思政课中的“获得感”。

自 2012 年实行实践育人以来，以劳动劳动实践、专业劳动实践和社团志愿类劳动实践三种形式为载体，开展全员参与的劳动实践活动，引导学生践行社会主义核心价值观、为人民服务的人生观。2012 年以来，已有八届 4 万余名学生，参加了创新创业、农村支教、电商营销服务等各种形式 160 万人次的劳动实践活动。

劳动作为人类的本质活动，推动了人类社会发展和文明的进步，同时也是实现“两个一百年”奋斗目标和实现中华民族伟大复兴的基本前提。我们必须加强劳动教育，探索有力实现劳动教育的多维路径，为国家培养数以亿计的高素质劳动者和技术技能人才，弘扬劳动光荣、技能宝贵、创造伟大的时代新风尚，为全面培养德智体美劳全面发展的社会主义建设者和接班人做贡献。

第二节　探索“劳动四育”　传承劳动精神 培育新时代建设者实践案例

——南京工业职业技术大学百年劳动教育

勤劳是中华民族的优秀品质，南京工业职业技术大学历经一个世纪的栉风沐雨，倡导“劳工神圣”，弘扬劳动精神，把劳动教育与思想政治教育、创新创业教育、专业能力教育、综合素质教育、审美情趣教育紧密结合，培育新时代建设者。

一、劳动教育思想传承

（一）继承与弘扬黄炎培提出的“敬业乐群”校训

1917 年，我国著名社会活动家、教育家黄炎培先生联合教育界、实业界知名人士蔡元培、梁启超等人，发起并创立了中华职业教育社。为“举例以示人”，第二年又创办一所试验性的中等职业院校——中华职业院校，成为中国近现代教育史上第一所以“职业院校”命名的学校，学校虽经数次流离播迁，几易校名，成为现在的南京工业职业技术大学。黄炎培曾反复指出职业教育“不仅是为个人谋生的，并且是为社会服务的”，依据学校的教育方针订立“敬业乐群”为学校校训。同时将“敬业乐群”具体化为 13 条共同修养的标准，各专业又依据不同的职业道德要求，制订更为具体的专业道德规范。南京工业职业技术大学与时俱进，以劳动实践育人为路径，丰富“敬业乐群”内涵，进一步弘扬黄炎培倡导的劳动观和职业精神，将个人所学奉献给祖国和人民，为实现中国梦而作出贡献。

（二）传承黄炎培“手脑并用、双手万能”的职教理念

黄炎培在成立我国教育史上的第一所职业院校中华职业院校之初，就亲自确定了办学方针，即“手脑并用、双手万能”，其理念倡导和要求职业教育注重实用、注重技能；从教学原则来看，“手脑并用、双手万能”的理念倡导和要求职业教育手脑联动、做学融通。

学校继承和发扬“手脑并用、双手万能”的职教理念，将它确定为校训，在校园显著位置塑起一尊高大的黄炎培铜像，长期与南京轻工机械厂等企业合作办学。如今，“手脑并用、双手万能”已深入南京工业职业技术大学每个师生员工之心，成为学校执着的办学

理念和自觉的育人实践，已积淀为一种彪炳于社会的校园精神和办学特色。

（三）黄炎培职教理念改变学生的职业观

南京工业职业技术大学在全校学生中广泛开展职业观教育，强化到“第一线”从事“高技能”职业的光荣感、责任感。改变学生觉得上了大学不应该到“第一线”就业，这实际上还是受“劳心者治人、劳力者治于人”的封建旧观念的影响。针对这种情况，学校通过入学教育、专业教育、办学传统教育、组织社会实践、举办创业者校友报告会、开展职业问题大讨论等形式，帮助学生克服以“第一线”从业为贱、为苦的观念，引导他们充分认识到“第一线”从事“高技能”职业以及“对己谋生、对群服务”的意义和价值，逐步确立起“职业平等，无高下，无贵贱”的职业观，“劳动光荣”“劳工神圣”“双手万能”的历史观，以及“人生必须服务，求学非以自娱”的人生观和求学观。近些年来，学生中正在形成一种“上高职、爱高职，钻高职、精高职”的浓郁氛围，大多数毕业生都乐于到“第一线”的“高技能”岗位去就业，这便是学校这些年来毕业生就业率一直很高的主要原因。

二、“四育”结合的劳动教育实践探索

（一）以劳树德——与思想政治教育相结合

南京工业职业技术大学始终将培养学生的劳动意识、劳动精神作为立德树人的基本要求，着力培养学生的奋斗精神。新生入学第一课就是参观校史馆和黄炎培职教思想馆，感知“劳工神圣”的真谛，引导学生崇尚劳动、尊重劳动。采用经常性主题班会、劳模报告会、志愿者服务等主题教育活动，引导学生懂得劳动最光荣、最崇高、最伟大、最美丽的道理，把劳动课程纳入人才培养方案，每年 1 个学分，并纳入学生综合素质测评，引导学生认识劳动的重要性、必要性。

（二）以劳增智——与专业能力教育相结合

职业院校培养技术技能人才，为提升学习兴趣，学校推进创造性劳动教育，培养“知识型、技能型、创新型”新时代建设者，让学生体验劳动创造智慧，劳动创造科技。鼓励学生用创造性的劳动参加“互联网 +”大赛、挑战杯、发明杯等省级以上的高水平竞赛。每年学生专利申报 400 多项，授权的发明专利和实用新型专利 100 多项，创造性的劳动促进了学生的专业知识和技能的学习。

（三）以劳强体——与素质教育相结合

“身体是革命的本钱”，学校坚持以劳强体，以动壮志。学生从新生军训就开始强调自我服务与军事训练相结合，培养其顽强意志，每学年要在统一分配的劳动岗位上劳动一周，不合格者还要重修。校园内禁止学生骑自行车，倡导“每天步行 1 小时，健康生活一辈子”。

各学院组织以劳动为主题的趣味运动会等。近年来，学生体能测试达标率居全省前列，达标合格率每年提升 2 ~ 3 个百分点。

（四）以劳育美——与审美情趣教育相结合

为促进学生树立正确的劳动审美观，学校每年组织志愿者服务超过 15000 人余次、推进 6S 宿舍管理，培养劳动意识，培育自我服务能力。学校组织评选“劳动光荣”的先进典型，设立“劳动之星”单项奖，崇尚“劳动平等、职业平等”，每年选树典型有江苏省大学生年度人物、普通劳动者、劳动模范、志愿服务先进等 100 余人。

三、全面构建以创新创业为主体的劳动教育体系

（一）推进创新创业教育全面覆盖

学校不断扩大“普惠式”创新创业教育的覆盖面，将双创能力培养融入人才培养全过程，开设创新创业教育 48 学时必修课程和多类型公共选修课程，并新增第“0”学期课程面向新生开展创新基础教育，增加创新个性化课程，面向全体学生培养创新思维与方法。以通识课程培养学生创新意识和思维，以专业课程锻炼学生创新能力，以专业进阶课程使专业与就业岗位紧密接轨，使学生就业与企业双创型人才需求零距离对接，全面提升学生创新素质和就业创业能力，并在此基础上构建适合高职学生的创新创业素质评价指标体系。

（二）实施精英带动创新创业战略

成立创新创业学院和精英人才学校，组织学生进行双创项目课题研究，鼓励师生参加国内外一流双创大赛、学术会议和交流活动，因材施教，对具一定创新能力、创业想法的学生实施个性化培养，并使其在全校发挥示范带动作用。开设“创新精英班、创业先锋班、创优示范班”三个班次，探索具有高职特色的跨界英才培养模式，通过“卡魅实验室”搭建嵌入双创文化的学习交流空间。建设专业化、个性化、国际化的双创课程体系，定期邀请双创教育专家、双创领域领军人物、知名创业企业家进行授课，引入优质国际双创课程，满足学生对个性化课程的需求。

（三）打造分层分类实践育人体系

一是依托大学生科技创新协会等创新创业类社团，开展系列创新创业实践活动；二是依托“互联网 +”“赢在南京”等创业类赛事，强化学生创新创业能力，扶持创新创业项目成长；三是依托大学生创新创业项目立项，为大学生创新创业项目团队提供专项支持；四是建立“众创帮扶机制”，学校每年投入学生创新项目、竞赛扶持基金和学生创业基金，支持不少于 150 项学生创新活动和创业实践项目；五是依托“艺术工场”文化创意产业平台、“创客梦工场”师生双创实践平台、政校企行协同技术研发转化平台等“九大平台”，

进行创新创业项目实践训练；六是依托第三方专业服务机构，为创业学生提供创业辅导、人力资源服务、创业一站式集成服务、财务咨询、投融资等专业服务。

四、一以贯之、成效斐然

通过百年传承，学校形成“劳动光荣，技能宝贵，创造伟大”的校园文化氛围，劳动教育覆盖面 100%，劳动技能锻炼 100%，到农村等边远地区参加劳动实践志愿服务的学生超过 50%，培养了中国工程院院士、“全国劳动模范”顾心怿，“全国劳动模范”王岩，人民日报评选的“大国小匠”曹贵等杰出劳动者。每年有 500 多名学生在省级以上各类表彰和竞赛中获奖，10 余人次获得“全国自强之星”“江苏省大学生年度人物”“江苏美德学生”等德育表彰。

课后思考

1. 你在学校中参加了哪些劳动实践活动？
2. 你都参加过哪些社会实践？
3. 你都参加了哪些社团志愿服务？
4. 劳动于细微处形成，你在平时劳动中如何形成劳动习惯？
5. 你身边有没有大学生不珍惜劳动成果、不想劳动、不会劳动的现象？

【劳动周实践案例】

开展“四同”教育　筑梦劳动实践

一、实践目标

为了践行习近平总书记“知行合一”“加强对广大青少年的教育，让劳动最光荣、劳动最崇高、劳动最伟大、劳动最美丽的观念蔚然成风”的讲话精神，山东商业职业技术学院劳动实践中心及学生社团，自 2018 年开始，每年定期在蒙阴县野店镇烟庄村开展同吃、同住、同劳动、同学习的“四同”教育主题社会实践活动。通过《开展“四同”教育，筑梦劳动实践》项目，使青年学生通过学习以及亲身实践，了解、掌握沂蒙革命文化的形成历程、基本内涵、价值意蕴、实践意义。使大学生树立正确的劳动价值取向，引导学生树立正确的劳动观，崇尚劳动、尊重劳动，增强对劳动人民的感情，报效国家，奉献社会。

二、实践过程

1. 加强知行合一，建立劳动实践基地。在沂蒙六姐妹纪念馆门前，山东商业职业技术学院马克思主义学院院长王岳喜和蒙阴县副县长余洁共同为“四同”教育基地揭牌，传承沂蒙精神，加强知行合一，以自己的实际行动服务于社会。

2. 追忆红色历史，传承沂蒙精神。在沂蒙六姐妹故居，听沂蒙六姐妹之一伊庭珍的后人徐敏安现场讲述当年红嫂故事。“最后一口粮做军粮，最后一块布做军装，最后一个儿子送战场。”伟大的沂蒙精神感染着现场的每一个人。通过革命后人讲述革命故事，大学生得到红色情感的提升。

3. 同住农家屋，同吃农家饭。随后，同学们在实习指导老师李永道的带领下，来到蒙阴县野店镇烟庄村，开始了为期一周同吃、同住、同学习、同劳动的“四同”教育主题实践活动。老师和21名同学分散住在6户当地村民家中，一起同吃农家饭，并和村民交流，了解当地振兴农村战略情况，师生和村民相处和谐，真正感受到了新时代的鱼水情深。

4. 白天果园劳动忙，田间地头谈理想。炎炎夏日晴，绵绵烟庄意，师生和村民一起在果园除草，学习苹果套袋技术，亲身体验农村生活。向群众学习，向劳动学习，师生在亲身的实践中将知行合一落到了实处。在果园的劳动结束后，同学们在田间地头交流劳动经验，大家唱着红色歌曲，畅谈“四同”教育的感受，青春的理想在思想的交流碰撞中分外鲜亮。

5. 红军小学支教，化作春泥更护花。师生一行来到有着响亮名字——六姐妹红军小学进行支教，并给红军小学捐赠了文具。因为我们支教的学生一年级到六年级都有不同数量的学生，小的3岁，大的14岁，贯穿了从幼儿园到四年级的跨度。孩子们或调皮、或天真、或可爱，都需要同学们用十八般武艺一一化解。对小学生们进行小班化教学，发挥大学生的专业优势，应用于实践，体会奉献和知识分享的快乐。同学们付出了心血，但是收获了孩子们天使般纯真的笑脸，支教活动也同样受到村民的赞许。

6. 群众情谊深，依依离别情。在《开展“四同”教育活动，筑梦劳动实践》实践项目实施过程中，师生和当地的群众结下了深厚的情谊。当地农民诗人——沂蒙六姐妹之一伊庭珍的后人徐敏安，现场做的一首《赠山东商职“四同”教育》，作为本次“四同”教育主题社会实践活动的结束语：

山东商职院，四同教育班。
走进沂蒙山，红色文化传。
同住屋檐下，品尝农家饭。
果园亲体验，树立劳动观。
小学来支教，与民同联欢。
相处整五天，鱼水情谊连。
沂蒙精神扬，“四同”花灿烂。

三、实践项目成效

通过《开展“四同”教育活动，筑梦劳动实践》实践项目，把爱沂蒙文化与爱祖国相结合，把个人理想和国家的发展相结合。使大学生传承和发扬中国革命道德，加强社会主义道德建设，锤炼大学生优良道德品质。在投身崇德向善的实践中提高大学生的文化自豪感和奉献国家的自觉意识。通过和村民们一起参加田间劳动，深刻理解习近平总书记提出的“劳动最光荣、劳动最崇高、劳动最伟大、劳动最美丽”的道理，树立劳动观念，磨炼劳动品质，为更好地传承沂蒙精神，培养劳动品质打下坚实的基础。